Me prometí que cambiaría pero sigo igual

ANDREA ROSARIO SÁNCHEZ

Aprende a construir los hábitos
que transformarán tu vida

Papel certificado por el Forest Stewardship Council®

Primera edición: febrero de 2025
Primera reimpresión: marzo de 2025

© 2025, Andrea Rosario Sánchez
© 2025, Penguin Random House Grupo Editorial, S. A. U.
Travessera de Gràcia, 47-49. 08021 Barcelona

Penguin Random House Grupo Editorial apoya la protección de la propiedad intelectual. La propiedad intelectual estimula la creatividad, defiende la diversidad en el ámbito de las ideas y el conocimiento, promueve la libre expresión y favorece una cultura viva. Gracias por comprar una edición autorizada de este libro y por respetar las leyes de propiedad intelectual al no reproducir ni distribuir ninguna parte de esta obra por ningún medio sin permiso. Al hacerlo está respaldando a los autores y permitiendo que PRHGE continúe publicando libros para todos los lectores. De conformidad con lo dispuesto en el artículo 67.3 del Real Decreto Ley 24/2021, de 2 de noviembre, PRHGE se reserva expresamente los derechos de reproducción y de uso de esta obra y de todos sus elementos mediante medios de lectura mecánica y otros medios adecuados a tal fin. Diríjase a CEDRO (Centro Español de Derechos Reprográficos, http://www.cedro.org) si necesita reproducir algún fragmento de esta obra.
En caso de necesidad, contacte con: seguridadproductos@penguinrandomhouse.com

Printed in Spain – Impreso en España

ISBN: 978-84-666-7944-2
Depósito legal: B-21.366-2024

Compuesto en Llibresimes, S. L.

Impreso en Liberdúplex
Sant Llorenç d'Hortons (Barcelona))

BS 7 9 4 4 2

Índice

Introducción: La metodología espacial para tu cambio 9
Transformarse 11
Las metodologías espaciales para el cambio . 12
Retomar el control 14

PRIMERA PARTE
La mentalidad para el cambio

1. Por qué quieres cambiar 19
   Enfocar la energía 24
   Vergüenza transformadora: la desintegración positiva 27
   Cómo trabajar la vergüenza y la culpa 31
   Hacia una transformación auténtica 33

2. Quererte en el proceso que te lleva a
evolucionar 34
   La mentalidad fija vs. la mentalidad de
      crecimiento: ¿dónde te quedas atascado? . 37
   De sobrevivir a evolucionar 39
   ¡Cuidado con la resignación silenciosa! 41
   Perseguir el fracaso 44
   El fracaso no te define 45
   Resumen de los pilares básicos ante el cambio . 47
3. Fuerzas opuestas al cambio 49
   Gasolina interna > gasolina externa 51
   Cómo transformar la motivación externa en
      interna 53
4. El mundo es tu reflejo 57
   ¿De dónde vienen las creencias limitantes? . . 58
   Cómo identificar tus creencias limitantes . . . 59
   Rompiendo el ciclo 62
   Algunas creencias limitantes comunes
      (y cómo superarlas) 63
   Primera creencia limitante: «Las personas no
      cambian» 64
   Segunda creencia limitante: «Tienen que darse
      las condiciones perfectas» 73
   Tercera creencia limitante: «Todo está en mi
      contra, soy la víctima» 78

Cuarta creencia limitante: «No hay
oportunidades para mí»   84

SEGUNDA PARTE
Las misiones (los cambios)

Misión APOLO. Los hábitos   100
  No persigas, atrae   101
  Primer aprendizaje: lo que haces importa . .   103
  ¿Cómo puedes saber si necesitas establecer
    nuevos hábitos o eliminar alguno de tu vida? .   107
  PRIMERA FASE: cargando potencia   113
    Hábitos > autocontrol   114
    Libre de influencia.   120
    Todo es cosa de conexión   124
    ¿Hábitos = identidad?   126
  SEGUNDA FASE: despegue   135
    Metodología APOLO   135
    Pasos del lanzamiento APOLO   136
  TERCERA FASE: mantenimiento   167
    El «efecto de la montaña rusa»: ¿por qué
      caemos después de subir?   168
    El desafío de la autocomplacencia   171
    Resiliencia y adaptación: el «principio de
      elasticidad»   172

Conexión emocional: volver a tu «porqué»	173
El mantenimiento como evolución	174
Misión ARTEMIS. Las reacciones automáticas	177
PRIMERA FASE: cargando potencia	182
Atrapado por el pasado	183
El origen del caos	197
¿Qué estrecha tu margen de tolerancia?	203
¿Cuándo se estrecha tu margen?	204
El trauma y tu ventana de tolerancia	204
Desregulación «por arriba» y «por abajo»	205
SEGUNDA FASE: despegue	237
Metodología ARTEMIS	237
Pasos del lanzamiento ARTEMIS	239
En la práctica: cómo se ve el método ARTEMIS aplicado	261
TERCERA FASE: mantenimiento	266
Ponerte en situaciones de forma intencionada	267
Identifica los contextos que te activan	269
Grabación y observación externa	270
Experimentación controlada	272
La promesa que sí cumplirás	276
Agradecimientos	281
Referencias	283

Introducción

La metodología espacial para tu cambio

Desde que tengo uso de razón, he querido cambiar cosas de mí o de mi vida, como casi todo el mundo, supongo. Lo primero que recuerdo es desear ser menos vergonzosa, algo que arrastré durante mucho tiempo. Nunca supe cómo hacerlo, así que seguía formando parte de mí. Cuando crecí, el foco cambió a lo físico. ¡Eso lo logré! Bueno, mejor quitemos los signos de exclamación porque no fue un motivo de victoria. Lo conseguí a base de buscar en internet cómo adelgazar e inundarme de mensajes tóxicos en las redes del estilo «Nada es mejor que estar delgado». Consolidé muchas creencias rígidas y conductas inflexibles que me ayudaron a alcanzar ese objetivo. Pero... adivina qué: como iba en contra de mis necesidades fisiológicas, mi cuerpo no pudo sostener ese cambio durante mucho tiempo. Nacía del odio y la toxicidad, así que, inevitablemente, revirtió.

Podría estar horas hablando de todas las cosas que he querido cambiar de mí: mi forma de reaccionar, el no saber poner límites, mi gestión emocional, mi falta de disciplina en algunas áreas de mi vida; he deseado ser más ordenada, más productiva, menos dependiente, más feliz, menos sedentaria, más creativa... Visto así, parece una lista interminable de alguien que no está nada a gusto con su vida, que quiere alejarse de la persona que es, ¿verdad?

Pues muchos de esos intentos de cambio, como veremos, no funcionaron precisamente porque los abordé desde una perspectiva de rechazo hacia mí misma. Me tomó tiempo darme cuenta de que no se trata de cambiar porque hubiera algo malo en mí. Todo lo contrario, iba de transformar lo que ya tengo. «Transformación», esa fue la palabra que empezó a resonar en mi cabeza. Lo que soy se puede transformar, sin necesidad de eliminar nada de mí.

> El cambio no es una ruptura, sino una evolución.

Transformarse

Si buscas una definición de «cambiar», encontrarás «dejar una cosa para tomar otra» o «convertir algo en otra cosa, frecuentemente su contraria». Suena sencillo, parte natural de la vida. Pero cuando se trata de cambiar aspectos de nosotros mismos, cosas que no nos gustan o que nos hacen daño, el cambio puede convertirse en una fuente interminable de frustración. Podemos sentir que pasamos la vida siendo una versión de nosotros mismos que no nos gusta, atrapados sin saber bien cómo actuar o prometiéndonos tantas veces que vamos a cambiar que ya ni siquiera confiamos en que seamos capaces de hacerlo.

Modificar nuestra conducta y pensamiento no es tan simple como decir «Voy a dejar de ser tan impulsiva» o «Voy a ser más disciplinada, más sana». Esa es solo la primera intención, ¡y está muy bien! Pero no es suficiente. La mayoría de las veces no sabemos cómo funciona nuestro cerebro ni nuestro cuerpo. No nos entendemos. Otras ignoramos cómo llevar a cabo el cambio, o incluso cómo acompañarnos a lo largo del proceso. ¿Cómo esperamos entonces que surta efecto?

Este libro es para ti si tú también te has dicho «Voy a cambiar» y, sin embargo, te sientes frustrado por no conseguirlo. Quiero acompañarte para que veas qué puede haber fallado, para que te entiendas mejor y te sientas capaz de completar esa transformación. Romperemos con aquello que quieres dejar atrás, o quizá aceptarás lo que no puedes cambiar. El verdadero cambio no siempre significa eliminar, sino transformarte desde un lugar más profundo.

Las metodologías espaciales para el cambio

Hace unos años, mientras volvía a casa en tren desde Madrid, la persona que me acompañaba me explicó cómo funciona el proceso de lanzar un cohete al espacio. Estaba completamente enganchada al discurso. A medida que lo explicaba, no podía evitar ver la similitud entre el lanzamiento de un cohete y los procesos de cambio en nuestras vidas. Desde el diseño del lanzamiento hasta la motivación detrás de cada paso, y todos los obstáculos y dificultades que se deben vencer para salir de la Tierra al espacio y luego mantenerse en la trayectoria, me pareció una metáfora perfecta para entender cómo funcionamos las personas.

Así nació la idea de utilizar el lanzamiento de un cohete como hilo conductor de este libro. Usaremos esa imagen mental para comprender nuestros procesos de cambio. Por supuesto, un lanzamiento espacial no es fácil. Hace solo unas décadas, nadie habría pensado que sería posible enviar un cohete al espacio, pero se logró. De la misma manera, un cambio en tu vida puede no resultar sencillo, pero, aunque tu frustración o tu miedo te hayan dicho lo contrario, es posible.

Este libro te acompañará en ese proceso, ayudándote a preparar el terreno desde la base. En la primera parte, nos enfocaremos en la mentalidad que necesitas para un cambio profundo. Entenderás cómo tus creencias y emociones influyen en tu capacidad de transformación, y aprenderás a desarrollar una mentalidad que te impulse a avanzar con autocompasión en lugar de rechazo.

Una vez trabajada la mentalidad, entraremos en acción con las misiones. A través de la misión Apolo, te guiaré en la creación de hábitos que realmente sostengan el cambio. Después, en la misión Artemis, aprenderás a transformar tus reacciones automáticas y mejorar tu regulación emocional, para que el cambio sea no solo profundo, sino también sostenible a lo largo del tiempo.

Así que quiero que pienses en todos tus intentos previos de cambiar como lanzamientos fallidos que te han permitido aprender y perfeccionar el proceso para una nueva aproximación. Imagina cuántas personas hay detrás del lanzamiento de un solo cohete, y cuántas veces han fallado antes de tener éxito. Hay tantos obstáculos o posibles fallos que es complicado hacerlo bien a la primera, por mucho que te hayas preparado, leído mil libros o incluso asistido a terapia. Siempre puede haber algo que hayas pasado por alto. Y a veces ese algo viene de mucho más atrás de lo que imaginas. Así que descubrirlo será tu misión ¡propia e intransferible!

Retomar el control

Este libro no es solo una guía sobre cómo cambiar, sino una invitación a retomar el control de tu vida, a hacerlo de una manera realista, transformadora y, sobre todo, sostenible. Vas a aprender a identificar los hábitos que te alejan de lo que deseas y cómo construir los que te acercan a tu verdadera esencia. También trabajarás en tus reacciones automáticas, esas respuestas emocionales que, sin que lo sepas, dirigen gran parte de tu vida.

El cambio resulta posible, pero no es lineal ni inmediato. Es un viaje y, como cualquier gran misión, necesita planificación, constancia y paciencia. No se trata de hacerlo todo perfecto desde el principio, sino de aprender, adaptar y entender que cada avance, por pequeño que sea, te aproxima más a tu meta.

Así que si alguna vez te has dicho «Voy a cambiar» y no has logrado lo que querías, este libro es para ti. No estás solo. Juntos, vamos a trabajar en cada paso del camino y, con la metáfora de un lanzamiento espacial como guía, nos aseguraremos de que esta vez el cambio sea profundo, auténtico y duradero para que cuando termines estas páginas puedas decir bien alto: «Me prometí que cambiaría y lo conseguí».

PRIMERA PARTE

La mentalidad para el cambio

1

Por qué quieres cambiar

No soy adivina, pero si me cuentas cuál es el motivo de tu cambio, lo que te da energía para conseguirlo y el modo en que lo enfocas, probablemente acierte en cómo de exitoso será, en si se mantendrá a largo plazo o solo es cuestión de tiempo que vuelvas a lo mismo de siempre.

> ¿Lo haces por ti? ¿Por los demás? ¿Lo enfocas desde el rechazo o desde la compasión? ¿Para crecer o para huir de ti?

Este es uno de los principios fundamentales que tienes que interiorizar desde ahora mismo: el porqué marca la diferencia entre avanzar o quedarte estancado. Un estudio de la Universidad de Stanford se propuso explorar precisamente esto: ¿qué motiva un cambio duradero? Para hacerlo siguieron a cientos de personas que intentaban modificar aspectos importantes de sus vidas, desde mejorar su salud hasta cambiar la calidad de sus relaciones. Y lo que descubrieron fue cuando menos interesante.

Las personas que iniciaban su cambio desde un enfoque positivo, movidas por la autocompasión y el deseo de cuidar de sí mismas, tenían un 80 por ciento más de probabilidades de mantener ese cambio durante al menos un año. Sin embargo, aquellos que lo hacían desde el rechazo o la autocrítica, luchando contra lo que no les gustaba, apenas lograban sostener el cambio y solo un 17 por ciento de ellos mantenía el esfuerzo pasados unos meses.

Lo que determinaba que el primer grupo tuviera más éxito era su actitud. No veían el cambio como una batalla interna, sino como una oportunidad de cuidarse mejor, de transformarse sin castigos ni reproches. Se permitían fallar, aprender y seguir adelante sin desgastarse.

Y ahí está otra gran clave: el éxito del cambio depende en gran parte de cómo te hablas a ti mismo.

Piénsalo así, la motivación detrás de enviar cohetes al espacio no es escapar de la Tierra, sino explorar, descubrir y mejorar nuestro conocimiento del universo. El deseo de saber más, de abrir nuevas puertas, ese es el impulso.

En tu vida sucede lo mismo. ¿Estás tratando de huir de algo que no te gusta en ti o buscas crecer? La manera en que te acercas a tu proceso de transformación influirá en lo lejos que llegarás.

Aquí tienes un ejemplo, dos maneras de abordar el mismo deseo de cambio desde enfoques radicalmente diferentes:

DESDE EL RECHAZO	DESDE EL ENFOQUE POSITIVO
«Quiero dejar de comer tanto porque odio mi cuerpo».	«Voy a comer mejor porque quiero sentirme más saludable».
«Voy a empezar a hacer ejercicio porque detesto cómo me veo».	«Voy a hacer ejercicio porque quiero fortalecer mi cuerpo».

Cambiar desde el rechazo te agota, te desgasta y hace que cada paso hacia delante parezca una lucha. Pero cuando te mueves desde la compasión, los pequeños avances se sienten como logros, y el proceso deja de ser una carga.

Las personas que logran mantener sus cambios a largo plazo tienden a hacerlo porque se enfocan en lo que pueden crear y mejorar, en lugar de centrarse en lo que desean eliminar. Es la diferencia entre moverte por la inspiración o por el miedo y la insatisfacción.

El estudio de Stanford no solo mostró que quienes se centran en cambiar desde la autocompasión tienen más éxito, sino que también disfrutan más del proceso. Cambiar no se trata de arreglar lo que está mal en ti, sino de cuidar de ti mismo lo mejor posible. Cuando el cambio viene desde el amor propio, el camino se siente más natural y menos forzado.

Yo misma he caído en la trampa de intentar cambiar porque mi pareja me lo pidió (más bien, me lo exigió). Recuerdo una etapa en la que sentía que mi forma de ser no era suficiente. La organización era algo muy valorado por mi entonces pareja, y como yo era más despistada, empecé a pensar que mi manera de hacer las cosas estaba mal. Tampoco digo que fuese la correcta, pero el tema es que sentía que, si no cambiaba, si no me volvía más estructurada, no sería querida ni aceptada. Ese pensamiento empezó a afectar la forma en que me veía a mí misma y tenía la horrible sensación de que había algo en mí defectuoso.

El problema radicaba en que se había vuelto un todo o nada: o cambiaba de inmediato o todo se tambaleaba. Y por supuesto la culpa sería mía, porque no era o no me esforzaba lo suficiente. Aunque sé que en cualquier relación es necesario realizar cesiones y tener en cuenta a la otra persona, la fina línea entre comprometerte y perderte se vuelve difusa cuando el diálogo interno es destructivo. Me repetía que, para que me quisieran, tenía que ser distinta y debía adaptarme rápido. Pero lo que no entendía en ese momento es que el cambio, sobre todo cuando se trata de hábitos o aspectos profundos de nuestra personalidad, no puede ocurrir de un día para otro.

Aquí es donde la comprensión y el acompañamiento mutuo son esenciales. La otra persona también necesita entender que el proceso de cambio es gradual, que requiere tiempo y paciencia. Comprometerse es importante, pero debe hacerse desde el respeto y el entendimiento, y ambos tienen que asimilar que nadie cambia de la noche a la mañana. Si en lugar de apoyo sientes una presión constante por ser diferente, cruzas esa línea, y el cambio se convierte en una fuente de frustración y desgaste.

Cuando surgen discusiones constantes y sientes que tú eres la culpable y que tu cambio depende de ello, ya no están presentes los conceptos transformación y evolución, sino el sentimiento de destrucción de ti mismo.

Más adelante en este libro hablaremos sobre el proceso de cambio y cómo crear nuevos hábitos de manera sostenible, pero algo clave que debes tener presente es que las transformaciones profundas llevan tiempo. Si las personas involucradas no entienden esto, te será más difícil mantener un cambio. ¿Te ha pasado algo así?

Enfocar la energía

Así que el verdadero secreto no es intentar cambiar para ser aceptado por otros, sino transformarte para ser la mejor versión de ti mismo. Iniciar el proceso desde un lugar de compasión, paciencia y autocuidado te ayudará a que el cambio no solo sea más duradero, sino también más satisfactorio.

Como en una misión espacial, cada error que cometas en tu camino te ofrecerá información para ajustar el rumbo. No se trata de llevarlo a cabo a la perfección, sino de seguir avanzando.

Si recuerdas los ejemplos anteriores que mostraban la diferencia entre situaciones abordabas desde el rechazo o desde un enfoque positivo, en las primeras, el componente del cambio nacía desde la vergüenza, desde la sensación de que no somos suficiente. Este tipo de motivación resulta corrosiva, porque convierte el proceso de cambio en una carrera de obstáculos contra nuestra propia identidad. ¿Quién puede encontrar paz en una lucha constante contra uno mismo?

En 2005, el psicólogo social Brian Lickel y sus colegas investigaron cómo la vergüenza —sentir que no somos lo bastante buenos— influye en el cambio. Al principio, puede parecer que la vergüenza es un motor para la transformación. Después de todo, si algo nos avergüenza, quizá eso nos impulse a modificarlo. Sin embargo, los resultados de su investigación revelaron que, aunque la vergüenza puede motivar el cambio a corto plazo, de forma prolongada nos empuja hacia patrones autodestructivos de perfeccionismo y evitación. Es como intentar escapar de una sombra que siempre nos sigue. Te pondré un ejemplo de mi propia vida, cuando en la adolescencia descubrí que el aspecto físico podía ser un pasaporte hacia la aceptación.

Mi cuerpo cambió radicalmente en unos meses de forma natural, estaba pasando de niña a adolescente. Cuando me quise dar cuenta, recibía unos elogios y una atención que antes no tenía. Como en la infancia había sido objeto de burlas por mi peso, asocié la delgadez con lo bueno y la gordura con lo malo. La vergüenza de volver a ese lugar de rechazo se apoderó de mí, y desde entonces, mi bienestar se centró en mantener un cuerpo que me hiciera sentirme aceptada.

Durante años, cada vez que ganaba peso, la vergüenza se convertía en el catalizador para cambiar, pero el resultado era siempre el mismo: una sensación de falso control. Me creía al mando de mis acciones, pero en realidad eran la sociedad y el miedo quienes me controlaban. Llegué al punto de esconderme de los demás cuando no me sentía cómoda con mi cuerpo, hasta que entendí que esa vergüenza no me llevaba a nada sostenible.

> **Moraleja:** la vergüenza puede impulsarte, pero a largo plazo solo te conducirá a callejones oscuros y destructivos.

Vergüenza transformadora: la desintegración positiva

Aunque he hablado mucho de los peligros de la vergüenza, no toda es negativa. Aquí entra en juego la teoría del psicólogo polaco Kazimierz Dabrowski, quien llegó a la conclusión de que el malestar emocional, incluidas emociones como la vergüenza o la culpa, puede ser una fuerza transformadora. Dabrowski vivió en una época de grandes conflictos sociales y políticos, marcados por la guerra y la inestabilidad, lo que influenció su perspectiva sobre el sufrimiento humano. Para él, el dolor no destruía a todas las personas y algunas eran capaces de crecer a partir de él.

Dabrowski introdujo el concepto de «desintegración positiva», una teoría que sugiere que las crisis emocionales basadas en la vergüenza o el malestar no siempre son destructivas. Según él, cuando experimentamos una fuerte disonancia entre lo que somos y lo que queremos ser (nuestro «yo ideal»), esa tensión emocional puede convertirse en el motor para un cambio real. Es decir, el conflicto interno se convierte en una oportunidad para replantearnos nuestros valores, redefinir quiénes somos y avanzar hacia una versión más auténtica de nosotros mismos.

Sin embargo, es importante diferenciar entre dos tipos de vergüenza: la destructiva y la movilizadora. Por un lado, la vergüenza destructiva es la que te hunde, te paraliza y te lleva a percibir que no eres suficiente, condenándote a una espiral de rechazo hacia ti mismo. Esta te aleja del cambio, porque hace que te sientas incapaz, alimentando pensamientos autocríticos como «Nunca seré lo bastante bueno» o «¿Para qué intentarlo si siempre fallo?».

Por otro, Dabrowski planteaba que la vergüenza movilizadora ocurre cuando ese sentimiento de incomodidad con lo que somos nos impulsa a hacer algo al respecto, pero no desde el rechazo, sino desde la necesidad de crecimiento personal. En lugar de destruirnos, esta vergüenza nos invita a reevaluar nuestras creencias y a tomar medidas para desarrollar una identidad más coherente con nuestros valores más profundos. La clave aquí es que esta vergüenza no busca que nos castiguemos por lo que somos, sino que nos impulsa a evolucionar hacia lo que podemos ser.

Esta diferencia entre vergüenza destructiva y movilizadora la viví mientras desarrollaba mi pódcast. Cuando comencé, me invadían las dudas y las inseguridades. La vergüenza estaba presente en cada paso: ¿y si lo que decía no era lo bastante bueno? ¿Y si exponía demasiado de mí misma y la gente lo usaba en mi contra? Cada crítica que recibía me hacía dudar, y en esos momentos era fácil caer en la trampa de la vergüenza destructiva, esa que me decía «Tal vez no deberías haber comenzado esto, no eres tan buena como para tener voz pública».

Hubo momentos en los que estuve a punto de abandonarlo. La vergüenza intentaba convencerme de que, al mostrarme vulnerable, solo estaba exponiendo mis puntos débiles. Y eso es lo que la vergüenza destructiva genera: te hace sentir que la única forma de protegerte es dejar de intentarlo, retirarte antes de que puedas fallar aún más.

Pero decidí darle la vuelta. En lugar de dejar que esa vergüenza me definiera, la usé para reevaluar. Empecé a hacerme preguntas clave: ¿qué me está diciendo esta vergüenza? ¿Es de verdad una señal de que no soy suficiente o es una oportunidad para crecer y mejorar? Poco a poco, comprendí que esa incomodidad que sentía no era necesariamente un indicador de que debía detenerme, sino señal de que estaba aprendiendo y, como en todo proceso, iba a haber fallos.

No intentaba negar ni rechazar cada crítica que recibía y aprendí a verlas como una oportunidad para acercarme más a esa versión de mí misma que quería alcanzar. Lo interesante es que esa vergüenza que al principio parecía destructiva se transformó en un impulso para crecer. Me permitió hacer ajustes, replantear mi mensaje y conectarme de manera más auténtica con mi audiencia.

Así, vi claramente la teoría de Dabrowski reflejada en mi vida. La vergüenza movilizadora no es signo de que estás fallando, sino de que te hallas en el proceso de convertirte en algo más grande. En lugar de abandonar el proyecto, me impulsó a desarrollarme profesional y personalmente. No se trataba de dejar de ser quien era, sino de desarrollar una versión más genuina y evolucionada de mí misma.

Vinculada a la vergüenza movilizadora, encontramos la autocompasión, ese bálsamo que nos invita a tratarnos con suavidad. Si tuviera que resumirlo en una frase, te diría que la comprensión y la amabilidad abren puertas que la fuerza cierra.

> A menudo enfrentamos el cambio con dureza, convencidos de que debemos empujarnos a avanzar, pero esa actitud solo nos agota.

Aquí va un ejemplo sencillo: imagina una puerta atascada. Si la golpeas con frustración, lo más probable es que solo empeores la situación. En cambio, si te detienes un momento a observar qué la bloquea, podrás encontrar una solución sin dañarla ni agotarte en el proceso. Así funciona el cambio cuando se inicia desde la autocompasión, en lugar de desgastarnos, nos fortalece, permitiéndonos avanzar de manera más sostenible.

Cómo trabajar la vergüenza y la culpa

Si quieres usar la vergüenza y la culpa como una herramienta de crecimiento en lugar de un obstáculo, aquí tienes algunos pasos:

1. **Reconocer la fuente:** pregúntate «¿Esta vergüenza viene de un estándar externo, algo que alguien me impuso, o realmente es un reflejo de mi deseo interno de evolucionar?». Identificar de dónde proviene esa sensación puede ayudarte a entender si estás ante una vergüenza destructiva o movilizadora.
2. **Practicar la autocompasión:** el cambio real solo puede ocurrir si te tratas con amabilidad durante el proceso. En lugar de decirte «No soy suficiente», prueba con «Estoy haciéndolo lo mejor que puedo ahora mismo, y eso es lo que importa».
3. **Buscar apoyo:** hablar de la vergüenza con alguien de confianza puede ser liberador. A menudo, llevar esas emociones a la luz reduce su poder sobre ti. Compartir tu experiencia y obtener una perspectiva externa tal vez te ayude a ver la situación de una manera más equilibrada.
4. **Aceptar la imperfección:** el cambio no consiste en lograr ser perfecto, sino en aprender a lo largo del camino. Cada paso, incluso los que sientes que son retrocesos, forman parte de un proceso más amplio. Abrazar la imperfección es lo que realmente te permitirá crecer.

Hacia una transformación auténtica

La vergüenza no tiene por qué encarnar al enemigo que destruye tu sentido del ser. Puede representar al mensajero que, si escuchamos con compasión, nos señala el camino hacia una versión más auténtica y compasiva de nosotros. Transformar nuestras emociones en oportunidades para crecer requiere paciencia y, sobre todo, mucho amor propio.

En lugar de luchar contra lo que somos, aprendamos a tratarnos con la misma amabilidad que ofreceríamos a un amigo cercano. Ese enfoque nos llevará más lejos que cualquier castigo.

2

Quererte en el proceso que te lleva a evolucionar

> *We cannot shame ourselves into change, we can only love ourselves into evolution.*
>
> (No podemos cambiar a base de vergüenza, solo podemos evolucionar amándonos a nosotros mismos).
>
> Dr. James Rouse

Imagina que te digo que vas a lograr lo que tanto deseas si sigues esforzándote. Piensa que no es una promesa vacía, sino una realidad que, aunque no te la creas ahora, ya está en camino. ¿Cómo te sentirías? ¿Qué harías con esa certeza? La mayoría de nosotros respondería «Me esforzaría más». Pero, en el fondo, sabemos que la vida no da garantías.

> El esfuerzo no siempre asegura el éxito, y eso nos asusta.

Aquí es donde reside el verdadero aprendizaje: el esfuerzo siempre tiene sentido, pero no porque te asegure llegar a la meta, sino porque te transforma en el camino. Nos han enseñado que nacemos con ciertos dones o limitaciones, y que estamos atrapados en ellos. Falso. La realidad es que tienes más potencial del que crees, pero no lo has descubierto porque has estado mirando hacia el lugar equivocado.

Por ejemplo, ¿cuántas veces te has dicho a ti mismo que no eres bueno en algo o que eso no es lo tuyo? Te pongo el ejemplo de Laura, quien siempre había soñado con tocar el piano. De niña, en una clase frente a sus compañeros, se equivocó al interpretar una pieza sencilla, y desde entonces decidió que la música no era para ella. Esa creencia la acompañó durante años. Cada vez que veía un piano, sentía un nudo en el estómago y recordaba aquel error infantil que marcó su relación con la música.

Sin embargo, un día decidió cambiar de enfoque. En lugar de huir del piano, se permitió sentarse frente a él de nuevo, sin expectativas. Empezó una melodía simple con un solo dedo, sin juzgar sus errores. Y algo cambió. Laura descubrió que su valor no dependía de tocar a la perfección, sino de su voluntad de intentarlo. Cada error que antes la paralizaba, ahora se convertía en una señal de que estaba aprendiendo. Con el tiempo, lo que una vez fue una fuente de vergüenza se transformó en una pasión que llenaba sus tardes.

Así es como funciona la mentalidad de crecimiento. No es magia, sino el simple acto de darte permiso para evolucionar. Da igual cuántas veces te hayan dicho que no puedes, lo que realmente importa es lo que haces con eso hoy.

La mentalidad fija vs. la mentalidad de crecimiento: ¿dónde te quedas atascado?

Cuando alguien decide cambiar, lo primero que ocurre es que surge un pequeño clic interno, una vocecita que te dice «Esto no puede seguir así». Pero siento informarte de que esa voz no es suficiente para asegurarte el éxito. Igual que con el esfuerzo, no hay garantías. Lo que sí marca una gran diferencia es la mentalidad con la que enfrentas el cambio.

Voy a hablarte de Sergio. Llegó a terapia porque su ansiedad social lo estaba devorando. Evitaba cada oportunidad que pudiera ponerlo en una situación incómoda: reuniones, presentaciones, incluso salir a cenar con amigos, todo era un reto. En su mente, no había nada que pudiera hacer para cambiar eso. «Yo soy así, y siempre lo seré», me dijo en su primera sesión. Sergio estaba atrapado en una mentalidad fija. Cuando intentaba cambiar, cada paso en falso lo hundía más en su creencia de que era un fracaso personal.

Pero ¿qué pasaría si en lugar de creer que es algo que nunca podrá cambiar, se permitiera ver su ansiedad como algo que puede modularse y mejorarse? Eso es tener una mentalidad de crecimiento. Poco a poco, empezamos a trabajar en ello, y Sergio logró pequeños avances. No fue un milagro ni ocurrió de la noche a la mañana, pero paso a paso, su enfoque cambió. El miedo seguía ahí, pero ahora lo veía como parte del proceso, no como una barrera infranqueable. Al final, se dio cuenta de que no debía ser perfecto, solo tenía que seguir adelante.

> Por tanto, la mentalidad fija te atrapa en una narrativa de imposibilidad («Soy así, siempre he sido así y nunca voy a cambiar»), mientras que la mentalidad de crecimiento te abre la puerta a la posibilidad.

Un estudio realizado por Carol Dweck —quien ha investigado durante años estos conceptos— mostró que los estudiantes que adoptan una mentalidad de crecimiento no solo tienen mejor rendimiento, sino que también disfrutan más del proceso. No se ven a sí mismos como fallos cuando no logran algo, simplemente ajustan su enfoque y siguen adelante. Eso es lo que cambia las reglas del juego.

De sobrevivir a evolucionar

Es fácil caer en la trampa de centrarte solo en lo que quieres evitar. Queremos dejar de sentir ansiedad, de ser inseguros, de procrastinar. Pero cuando te concentras en lo que no quieres, en lo que está mal, quedas atrapado en el problema. Es como tratar de salir de una habitación oscura sin encender la luz.

¿Qué pasaría si en lugar de centrarte en lo que quieres evitar, te concentras en lo que puedes ganar? Si dejaras de verte como alguien que está «arreglando» algo roto y comenzases a percibirte como alguien que se encuentra en expansión. ¿Te has parado a pensar en todo lo que podrías ser si te permitieras crecer en lugar de solo sobrevivir?

Laura, por ejemplo, vino a terapia porque quería dejar de ser tímida. La timidez le había causado tantos problemas a lo largo de su vida que su único deseo era dejarla atrás, como si fuera una carga. Todo su enfoque estaba en lo que no quería ser, y eso la mantenía estancada. Cada vez que no lograba interactuar con confianza en una reunión, se decía a sí misma «¿Ves? Sigo siendo la misma de siempre».

El cambio no es solo una cuestión de voluntad. Nuestro cerebro está diseñado para cambiar y, gracias a la neuroplasticidad, nuestras neuronas se reorganizan, crean nuevas conexiones y nos permiten modificar patrones de pensamiento, desarrollar nuevas habilidades y aprender maneras más eficaces de enfrentarnos a los retos de la vida.

En lugar de centrarse en dejar de ser tímida, empezó a concentrarse en lo que quería ganar: más confianza, mejores relaciones y más oportunidades. Se visualizó no como alguien que quería dejar atrás su timidez, sino como alguien que deseaba crecer en confianza. Poco a poco, su enfoque cambió, y con él, su vida.

Cada vez que decides crecer, cambias tu cerebro. Estás creando nuevas conexiones neuronales y reconfigurando tus circuitos para adaptarte a la persona que eliges ser. No estás condenado a repetir la misma historia.

Un estudio del National Institute of Mental Health descubrió que las personas que se enfrentaban a pequeñas incomodidades de manera regular desarrollaban una mejor capacidad para gestionar el estrés y tomar decisiones difíciles. Cuanto más te expones a la posibilidad de fallar, más crece tu capacidad de responder de manera diferente. El fracaso deja de ser una sentencia y se convierte en una oportunidad para generar nuevas conexiones neuronales.

Lo asombroso es que tu cerebro ya está preparado para el cambio. No se trata de esforzarte más, sino de sorprenderte a ti mismo haciendo cosas que no creías posibles. Cada vez que tomas una decisión que desafía tus patrones, estás esculpiendo una nueva versión de ti mismo. La neuroplasticidad nos enseña que no estás luchando, sino creando.

¡Cuidado con la resignación silenciosa!

Para terminar de ilustrar lo que significa un cambio de enfoque hacia la mentalidad de crecimiento, te contaré algo personal. A los veintisiete años, viví uno de los cambios más importantes de mi vida, y aunque parezca pequeño para otros, para mí fue un punto de inflexión. Desde los trece, había sufrido problemas digestivos crónicos. Había acudido de médico en médico en busca de soluciones y alivio, pero la mayoría me daban respuestas vagas y tratamientos temporales. Después de años me rendí. Me dije «Esto es lo que me ha tocado, tendré que vivir con ello». Se trataba de una resignación silenciosa, pero muy real.

Hasta que un día alguien cercano me lanzó un desafío. «¿Por qué no lo intentas de nuevo? Pero esta vez, desde otro enfoque». Mi primera reacción fue el rechazo. «Ya lo probé todo. ¿Para qué intentarlo de nuevo si siempre obtengo el mismo resultado?». Estaba agotada, no solo física, sino emocionalmente. Había caído en lo que llamamos «indefensión aprendida», cuando fallas tantas veces que tu mente se convence de que no importa lo que hagas, nada cambiará.

Pero esta vez, decidí que, si algo iba a cambiar, sería el enfoque. Busqué la ayuda de una nutricionista holística, alguien que me ofreciera una perspectiva diferente. Sabía que no vería resultados inmediatos, pero esta vez no me enfoqué en el dolor que quería evitar, sino en lo que podía ganar: una mejor calidad de vida. Y lo más importante, dejé de tener miedo al fracaso.

Y fue así como, poco a poco, mi vida cambió. Cada pequeña mejora era un recordatorio de que el cambio es posible, siempre y cuando no lo veas como un destino, sino como un proceso continuo.

MENTALIDAD FIJA	vs.	**MENTALIDAD DE CRECIMIENTO**
Nuestras capacidades e inteligencia son estáticas		Las habilidades pueden desarrollarse

OBJETIVO PERSONAL
Aparentar ser listo o talentoso

OBJETIVO PERSONAL
Aprender, aprender y aprender

- Evitas retos
- Te das por vencido fácilmente
- Ves el esfuerzo como una pérdida de tiempo
- Ignoras el feedback negativo útil
- Te sientes amenazado por el éxito de otros

- Aceptas los retos
- Persistes ante los contratiempos
- Ves el esfuerzo como el camino para conseguirlo
- Aprendes de la crítica
- Buscas aprendizaje o inspiración en el éxito de otros

RESULTADO
Abandonas y no desarrollas todo tu potencial

RESULTADO
Llegas a altos niveles de éxito personal

VISIÓN DETERMINISTA DEL MUNDO
Todo está predeterminado, mis capacidades y mi vida están fuera de mi control

VISIÓN EMPODERADORA DEL MUNDO
Puedo tomar mis propias decisiones y tengo control sobre mis capacidades

Perseguir el fracaso

«Fracasar» es una palabra dura. Nos han enseñado a huir del fracaso como si fuera lo peor que podría pasarnos. En el colegio, en casa, en el trabajo… Fallar siempre ha sido sinónimo de no ser lo bastante buenos. Equivocarse es vergonzoso, así que, sin darnos cuenta, empezamos a evitar cualquier cosa que huela a riesgo, a error, a fallo y nos acomodamos en nuestra zona segura, aunque a veces nos resulte asfixiante.

Así que aquí va otra clave fundamental: el fracaso no es el enemigo. Si lo miras de cerca, si lo sientes profundamente, es el combustible del cambio. Es la prueba de que estás haciendo algo, moviéndote, arriesgándote. Tampoco se trata de fallar por fallar, sino de entender el valor que hay en el proceso de equivocarse. Porque cada vez que te caes, te conoces más.

Por ejemplo, piensa en Marta, una mujer brillante, pero que, durante años, rechazaba cualquier oportunidad que la sacara de su zona de confort. No postulaba a mejores empleos porque pensaba «¿Y si no soy suficiente? ¿Y si me equivoco en algo importante y quedo en ridículo?». El miedo al fracaso la tenía paralizada. ¿Te suena esa sensación? Marta estaba tan preocupada por no cometer errores que se mantenía en un lugar que no la hacía feliz. Estaba sobreviviendo, no viviendo.

Pero hubo un momento en que se dio cuenta de algo esencial: el precio de no intentarlo era mucho mayor que el miedo al error. Cuando finalmente solicitó ese trabajo que tanto temía, no fue un camino de rosas. Cometió errores, claro, pero estos no la destruyeron, sino que la formaron. Cada vez que se enfrentaba a un fallo, lo usaba para depurar su enfoque, ajustar su estrategia y seguir adelante. Y aquí está la diferencia: no dejó que el error definiera su valía. El fracaso dejó de ser el enemigo y, en su lugar, se convirtió en el trampolín que la llevó más lejos de lo que nunca había pensado.

El fracaso no te define

Vivimos en una sociedad que idolatra la perfección. Las redes sociales están llenas de imágenes de éxito, logros y sonrisas, pero rara vez vemos el proceso que hubo detrás. Y así es como se refuerza la idea que hemos comentado antes de que el fracaso es inaceptable, que no tiene lugar en nuestras vidas si queremos «triunfar». Pero déjame decirte algo importante: el fracaso no te define, lo que realmente lo hace es cómo respondes a él.

Aquí reside el gran giro, el fracaso no es un obstáculo, sino un vehículo. Sucede cuando estás haciendo algo nuevo, es la prueba de que estás en movimiento, de que estás creciendo. Si lo evitas, te niegas la oportunidad de evolucionar.

Bill Gates, uno de los hombres más ricos y exitosos del mundo, dijo una vez: «Está bien celebrar el éxito, pero es más importante prestar atención a las lecciones del fracaso». Así que ten en mente que incluso las personas que valoramos como iconos del éxito se han enfrentado al fracaso una y otra vez. No es la falta de errores lo que los hace exitosos, sino cómo aprendieron de ellos.

Thomas Edison falló más de mil veces antes de inventar la bombilla eléctrica. Cuando le preguntaron cómo se sentía al haber fallado tantas veces, él respondió: «No fallé mil veces. La bombilla fue un invento de mil pasos». Esto no es solo una anécdota inspiradora, también simboliza un recordatorio de que el fracaso forma parte del proceso, y cada error te acerca más a la versión de ti mismo que estás construyendo.

> Si empiezas a ver el fracaso no como un enemigo, sino como un maestro que te está enseñando lo que necesitas saber para crecer, tu vida cambiará por completo. Deja de temerlo y empieza a perseguirlo, porque, cada vez que te permites fallar, descubres algo nuevo sobre ti mismo. Y eso es lo que realmente te hace evolucionar.

Resumen de los pilares básicos ante el cambio

Para ayudarte a identificar el enfoque que puedes estar adoptando ante los cambios y el que deberías emplear, te dejo por aquí un resumen de lo anterior para que veas con claridad las diferencias entre un enfoque y otro. Además, tienes también una serie de preguntas que te permitirán comprobar si estás basando tus cambios en el autorrechazo o en el crecimiento y reflexionar así sobre tu mentalidad de crecimiento y tu manera de entender el fracaso.

CUADRO RESUMEN: ENFOQUES PARA EL CAMBIO

ENFOQUE BASADO EN EL AUTORRECHAZO		ENFOQUE BASADO EN EL CRECIMIENTO
Cambiar para **evitar el rechazo** o por sentir vergüenza de uno mismo	MOTIVACIÓN INICIAL	Cambiar para **desarrollarse** y **crecer** personalmente
Miedo, desesperación, frustración, vergüenza	EMOCIONES	Autocompasión, esperanza, curiosidad, entusiasmo
Evitar ser quien eres, **escapar** de una versión no aceptada de ti mismo	OBJETIVO	**Desarrollar** nuevas habilidades, **expandir** tu conocimiento
Forzar el cambio desde el castigo	PROCESO	Enfocar desde la **calma**, la **reflexión** y la **comprensión**
Poco sostenible, puede llevar a **bucles autodestructivos**	SOSTENIBILIDAD	Sostenible a largo plazo, fomenta la **resiliencia** y la **adaptabilidad**
Sentimientos de **fracaso** y **baja autoestima**	RESULTADOS	Sentimientos de **logro** y **autoeficacia**
Fracaso visto como una confirmación de insuficiencia	VISIÓN DEL FRACASO	Fracaso visto como una oportunidad de aprendizaje
Cambio percibido como la **lucha** contra uno mismo	RELACIÓN CON EL CAMBIO	Cambio percibido como una **evolución** natural y positiva

3

Fuerzas opuestas al cambio

Imagina que estás a punto de lanzar un cohete al espacio. Todo el equipo está listo, se han hecho los cálculos, los propulsores están cargados y tenéis altas esperanzas en que salga bien. Pero hay un problema: la gravedad, esa fuerza invisible que tira de todo hacia la Tierra. Si no la consideras, si no la tienes en cuenta, el cohete nunca despegará, por más tecnología o esfuerzo que pongas en ello. Lo mismo ocurre en nuestras vidas cuando intentamos llevar a cabo un cambio.

Cuando decidimos emprender una misión personal, ya sea cambiar un hábito o transformar nuestra manera de ser, no partimos desde cero. Nos movemos en un espacio lleno de resistencias: viejos hábitos, miedos, creencias limitantes y expectativas externas. Esas fuerzas invisibles, como la gravedad, nos tiran hacia atrás. Y si no las identificamos, si no somos conscientes de ellas, nuestra misión está destinada a fracasar.

Pero aquí va la buena noticia: esas resistencias no tienen por qué detenerte y puedes aprender a trabajar de su mano en lugar de luchar contra ellas. Porque, aunque no consigas eliminar ciertos obstáculos, como tus hábitos arraigados o las expectativas de los demás, sí puedes encontrar la manera de superarlos o de hacer que no te frenen en tu trayecto.

Así que, antes de empezar tu misión, antes de lanzar tu cohete, necesitas algo crucial: conocer tus resistencias, saber qué te frena y por qué y, sobre todo, aprender a manejarlas. Vamos a explorar juntos esas resistencias, una a una, para que, cuando estés preparado para despegar, nada te detenga. ¿Estás listo? ¡Vamos allá!

Gasolina interna > gasolina externa

Las cosas como son, todos hemos querido cambiar alguna vez para conseguir algo externo: aprobación, dinero, reconocimientos, premios o incluso esas palabras bonitas que tanto necesitamos escuchar. Y eso está bien. No tiene nada de malo empezar un cambio con ese tipo de motivación, ya que nos impulsa a salir de nuestra zona de confort. Pero ¿qué pasa cuando esa es la única razón que te mueve?

Por ejemplo, imagina que decides ser más disciplinado en el trabajo solo porque te prometieron una subida de sueldo. Al principio, eso te dará una buena dosis de energía, pero si el único motor es esa recompensa externa, es probable que pierdas el interés rápido. El dinero puede ser un motivador fuerte al principio, pero si no hay algo más que te llene, ese cambio puede desvanecerse. Será como intentar mantener un cohete en órbita sin suficiente combustible, simplemente, no funcionará.

Aquí es donde entra el concepto de la motivación intrínseca. Para que el cambio sea duradero, necesitas encontrar algo dentro de ti que te impulse. Ese algo es lo que te hace sentir bien, incluso si no recibes nada tangible a cambio. El proceso en sí mismo, el hecho de saber que estás haciendo algo coherente con tus valores, es lo que te llena.

Pensemos en el ejemplo del cohete. Para despegar, necesita dos tipos de energía: una gasolina interna y un impulso externo (los propulsores) que le den el empujón inicial. En un principio, ese impulso externo resulta esencial para vencer la resistencia de la gravedad, pero una vez que el cohete alcanza una altura suficiente, suelta los propulsores. ¿Por qué? Porque ya no son necesarios, y si sigue cargando con ellos, se convierten en un peso muerto. Lo que mantiene al cohete en su camino después de ese primer impulso es su gasolina interna.

Ocurre lo mismo en tu vida. El propulsor externo puede ser esa motivación que te empuja a comenzar: un ascenso, un reconocimiento, un premio. Pero para mantener el cambio a largo plazo necesitas activar tu gasolina interna, esa motivación que viene de dentro, la que no depende de lo que te den, sino de lo que tú mismo experimentas y sientes mientras avanzas.

Por ejemplo, si tu objetivo es ser constante a la hora de hacer ejercicio, claro que al principio puedes empezar con motivadores externos: una recompensa semanal, comprarte un conjunto deportivo nuevo, o incluso celebrar con una cena cuando cumplas tus metas. Pero en algún momento, esos propulsores externos deben soltarse. No puedes depender siempre de las recompensas externas, porque llegará el día en que ya no basten. Lo que te mantendrá en movimiento será tu capacidad para disfrutar del proceso en sí mismo, para sentir satisfacción por lo que has logrado, por cómo te sientes contigo.

Cómo transformar la motivación externa en interna

La clave está en encontrar el equilibrio. No es que debas dejar de lado por completo la motivación externa, pues ya hemos dicho que puede ser un buen propulsor para empezar, pero, con el tiempo, necesitas internalizar ese proceso y hacer que lo que te mueva venga de dentro.

Observa el ejemplo de Claudia, que quería volverse más organizada en casa. Al principio, su motivación era puramente externa, quería impresionar a sus amigos cuando vinieran de visita, tener un espacio más ordenado para que la gente hablara bien de ella. Además, si no estaba ordenado, sentía que no podía invitar a nadie porque le daba vergüenza. Para incentivarse, se compraba un objeto de decoración cada semana que lograba su objetivo de limpieza. Pero después de un tiempo, se dio cuenta de que, aunque esos propulsores externos la habían ayudado al principio, lo que realmente la mantenía disfrutando del orden era cómo se sentía en un espacio limpio y organizado. Le daba paz, claridad mental y, así, lo que empezó como un objetivo externo, se convirtió en una satisfacción interna.

Claves para internalizar lo externo

Si quieres que tu cambio sea duradero, aquí te dejo algunas claves que te ayudarán a transformar lo externo en interno:

1. **Alinea tus recompensas con tus valores.** Si tu objetivo es ganar salud, por ejemplo, no tiene sentido que tu recompensa sea algo que vaya en contra de eso, como un menú de comida rápida. En su lugar, elige recompensas coherentes con tus metas, como comprarte ropa deportiva o una sesión de balneario para cuidar tu bienestar.
2. **Haz que las recompensas te permitan crecer.** No se trata solo de premiarte por cumplir, sino de elegir refuerzos que también te ayuden a desarro-

llar nuevas habilidades o pasiones. Integra lo que te entusiasma. Si te encanta el arte, por ejemplo, regálate una clase de pintura cuando logres un objetivo.
3. **Personaliza y disfruta el proceso.** No te limites a alcanzar el objetivo por cumplirlo. Busca maneras de hacer que el proceso en sí mismo sea gratificante. Si odias correr, ¿por qué no pruebas a realizar una actividad física que realmente disfrutes, como bailar o nadar? Lo importante es que te sientas conectado con lo que estás haciendo.

EJEMPLO DE INTERNALIZACIÓN DE LO EXTERNO

Imagina que tu objetivo es mejorar tu condición física a través del ejercicio regular. Aquí tienes cómo podrías pasar de una motivación externa a una interna:

- **Paso 1: Motivación externa**
  Al principio necesitas algo tangible que te empuje. Decides que cada semana que cumplas con tu rutina de ejercicio, te darás una pequeña recompensa: una tarde libre, ir al cine o comprarte algo que te guste.

- Semana 1: cumples con tres sesiones de ejercicio y te compras un conjunto deportivo.
- Semana 2: sigues tu rutina y te permites una cena especial con amigos.

- **Paso 2: Personalización y autonomía**

    A medida que avanzas, empiezas a disfrutar del proceso. Decides incluir actividades físicas que realmente te emocionan, como una clase de yoga o de baile, en lugar de forzarte a hacer algo que no te gusta. Tomas control de tu proceso.

- **Paso 3: Motivación intrínseca**

    Después de un par de meses, te das cuenta de que ya no necesitas recompensas externas. El hecho de sentirte bien físicamente, ver los resultados en tu cuerpo y tu bienestar es suficiente. Ya no haces ejercicio para conseguir algo externo, sino porque el proceso te llena.

4

El mundo es tu reflejo

Hay momentos en los que parece que todo está en nuestra contra. No importa cuánto lo intentemos, simplemente no conseguimos avanzar. Y, aunque a veces nos decimos que se debe a factores externos, como la falta de tiempo, el dinero o las circunstancias, casi siempre el verdadero obstáculo somos nosotros. O, mejor dicho, lo que creemos sobre nosotros.

He aquí un hecho importante: no ves la realidad tal y como es, sino como tú eres. Es decir, la manera en que interpretas el mundo y las oportunidades que aparecen está marcada por tus creencias. Y dentro de esas creencias, hay algunas que son especialmente peligrosas: las limitantes.

Las creencias limitantes son vocecitas internas que te dicen que no puedes, que no eres lo bastante bueno, inteligente o fuerte para lograr lo que te propones. Y lo peor de todo es que, si no les prestas atención, pueden operar en piloto automático y frenarte sin que te des cuenta. Parecen reales porque se han arraigado en ti a lo largo de los años, a menudo basadas en experiencias pasadas que, en su momento, te dejaron una marca.

¿De dónde vienen las creencias limitantes?

Las creencias limitantes suelen tener su origen en nuestras experiencias más tempranas, sobre todo en los mensajes que recibimos de otros o en situaciones que nos marcaron. Si alguien te dijo de pequeño que no eras bueno en el deporte, puede que hayas crecido convencido de que jamás serás atleta. Si fracasaste una vez en un proyecto importante, es posible que ahora evites nuevos retos por miedo a volver a fallar. Y así con todo.

Estas creencias no solo son personales, sino que también pueden ser sociales o culturales. Por ejemplo, tal vez creciste en un entorno donde el éxito se definía de una manera muy limitada: tener un buen trabajo, ganar dinero y formar una familia. Así, cualquier otro camino que decidieras tomar, aunque te atrajera, podía parecer «incorrecto» o imposible.

> Lo importante de todo esto es que entiendas que las creencias limitantes no son hechos, sino percepciones e ideas que se han asentado en ti, pero que pueden cambiar.

Como si fueran filtros a través de los cuales ves el mundo, estas creencias te muestran una versión distorsionada de la realidad y te impiden descubrir todas las posibilidades que están frente a ti.

Cómo identificar tus creencias limitantes

Aquí te doy una clave importante: tus creencias limitantes suelen esconderse detrás de tus excusas. Cada vez que piensas «No soy capaz de hacerlo», «No tengo tiempo», «No soy lo bastante inteligente», estás escuchando esas creencias que has arrastrado durante años.

Vamos a hacerlo práctico. Te propongo un ejercicio sencillo pero potente: piensa en algo que siempre hayas querido hacer, pero que hasta ahora no te hayas atrevido a intentar. Puede ser cambiar de trabajo, empezar un proyecto o incluso algo más pequeño como aprender una nueva habilidad. Ahora, pregúntate: ¿qué creencia hay detrás de tu decisión de no hacerlo?

Por ejemplo:

- «Siempre he querido empezar mi propio negocio, pero no soy lo bastante organizado para poder llevarlo a cabo».
- «Me encantaría volver a estudiar, pero a mi edad ya no tiene sentido».
- «Me gustaría dedicarme a algo creativo, pero no tengo talento».

Estas afirmaciones pueden parecer inocentes, pero en realidad constituyen creencias limitantes disfrazadas de razones lógicas. Y aquí está la trampa: si no las cuestionas, te condicionan para siempre. Te mantienen en un círculo vicioso de inacción y frustración.

Para entender mejor cómo estas creencias te limitan, veamos cómo operan de manera automática. Pensemos en Alejandra, quien siempre quiso dedicarse al arte, pero nunca lo hizo porque creía que no era lo bastante creativa.

1. **Creencia inicial.** De niña le dijeron que su trabajo artístico no era bueno. A partir de ahí, Alejandra asumió que no tenía talento para el arte.
2. **Pensamiento automático.** Cada vez que intentaba dibujar o pintar, esa creencia emergía en su mente: «No soy buena en esto, ¿para qué dedicarle tiempo?».
3. **Respuesta emocional.** Cuando trataba de realizar algo creativo, la idea de fracasar la hacía sentirse frustrada y desanimada.
4. **Acción (o inacción).** Debido a esa frustración, Alejandra terminaba por eludir cualquier actividad artística.
5. **Refuerzo de la creencia.** Al evitar el arte, solo confirmaba su creencia limitante: «Tenía razón, no soy creativa».

Este es el ciclo clásico de las creencias limitantes: un pensamiento automático lleva a una emoción negativa, que conduce a evitar la acción, lo que, a su vez, refuerza la creencia. Y así, sigues atrapado, sin darte cuenta de que lo que realmente te está frenando no es la realidad, sino tu percepción de ella.

Rompiendo el ciclo

La buena noticia es que se puede romper el ciclo. Lo primero que necesitas es ser consciente de que esas creencias están ahí, operando en tu mente sin que las cuestiones. Una vez que las identifiques, puedes optar por desafiarlas. Aquí tienes una estrategia sencilla para empezar:

1. **Identifica tus creencias limitantes:** escribe las excusas o las razones por las que no te lanzas a hacer lo que quieres. Pregúntate si realmente son ciertas. Por ejemplo: «No soy creativa, siempre fracaso en lo que intento».
2. **Cuestiona esas creencias:** ¿es cierto? ¿En qué te basas para creerlo? ¿Hubo momentos en los que tuviste éxito en algo, aunque fuera pequeño? Esta es la parte más poderosa, darte cuenta de que tu creencia no es un hecho.

3. **Realiza pequeñas acciones:** empieza con pasos pequeños que desafíen esa creencia. Si Alejandra hubiera empezado por hacer un dibujo sencillo cada día, poco a poco habría ganado confianza en sí misma. Los pequeños logros son los que terminan debilitando las creencias limitantes.
4. **Refuerza tus avances:** celebra cada pequeño paso. Da igual si es un avance mínimo, lo importante es que te lo reconozcas. Esto es lo que cambiará la narrativa interna.

Algunas creencias limitantes comunes (y cómo superarlas)

Aunque todos tenemos creencias limitantes personales, hay algunas que parecen ser universales. A continuación te dejo algunas de las creencias limitantes que me encuentro en terapia y que más han condicionado a mis pacientes a la hora de lograr avanzar y transformarse.

Y recuerda que tus creencias limitantes no definen quién eres ni lo que puedes hacer. Son solo historias que te has contado o que te han contado otros, y que, si no las cuestionas, seguirán controlando tu vida. El poder para cambiar esas historias está en ti.

Empieza a cuestionar esas voces internas y atrévete a ver lo que eres realmente capaz de hacer. No se trata de transformar tu vida de la noche a la mañana, sino de dar pequeños pasos que te lleven hacia esa vida que deseas. Al final, el verdadero cambio comienza cuando decides romper con las barreras que tú mismo has creado.

Primera creencia limitante: «Las personas no cambian»

Parece absurdo tener que decir esto (y más en este libro), pero vale la pena repetirlo: las personas sí podemos cambiar. Vivimos en una sociedad que a menudo nos hace creer que somos como somos, y punto. La idea de que estamos destinados a ser una versión fija de nosotros mismos para siempre está tan instaurada en nuestra cultura que puede resultar difícil imaginar otra realidad.

Sin embargo, cambiar es posible, y no solo en términos de hábitos o comportamientos, sino también en cuanto a cómo nos definimos a nosotros mismos. La clave está en entender el proceso, aceptar los desafíos que implica y, sobre todo, desarrollar la capacidad de adaptarnos.

Un estudio fascinante llevado a cabo por Brent W. Roberts, un reconocido psicólogo, pone en evidencia cómo la personalidad es capaz de evolucionar con el tiempo. Roberts realizó un estudio longitudinal, lo que significa que siguió a las mismas personas durante muchos años para observar cómo cambiaban sus rasgos de personalidad. Lo que descubrió fue realmente revelador: aunque muchas veces se nos ha hecho creer que nuestra personalidad es algo estático, las experiencias importantes de la vida tienen un impacto directo en cómo nos transformamos.

Imagina que eres alguien tímido e introvertido que siempre evita situaciones sociales porque no te sientes muy cómodo en ellas. Ahora, piensa que, de repente, asumes un rol de líder en tu trabajo. Te hacen jefazo, vaya. De un día para otro te ves obligado a interactuar con más personas, a tomar decisiones, a liderar equipos y a comunicarte de forma efectiva. Al principio, probablemente te sientas fuera de lugar, inseguro y con muchas dudas sobre si serás capaz de cumplir con esas responsabilidades. Sin embargo, con el tiempo, te adaptarás. Las circunstancias te obligan a desarrollar nuevas habilidades, a salir de tu zona de confort y, lentamente, ese rasgo de personalidad cambia y evolucionas. ¿Te ha pasado alguna vez? ¿Te has visto obligado a adoptar un rol durante tanto tiempo que ha cambiado tu forma de comportarte y percibirte?

Roberts descubrió que muchas personas que eran introvertidas, al asumir roles de liderazgo, aumentaron sus niveles de extroversión. Estos que antes preferían trabajar solos y evitaban interaccionar con otros comenzaron a disfrutar del contacto humano. De repente se mostraban más abiertos y se comportaban de forma más extrovertida en general.

Esto nos demuestra algo muy importante: no estamos atados a una versión fija de nosotros mismos. Lo que hacemos, las decisiones que tomamos y las oportunidades que aceptamos tienen el poder de moldear nuestra personalidad.

No pienses que estos son cambios superficiales; no se trata tan solo de «Voy a actuar de forma diferente». Se convierten en transformaciones profundas que afectan cómo nos percibimos a nosotros mismos y cómo interactuamos con el mundo. Así que, si alguna vez te has dicho «Yo soy así y no puedo cambiar», piensa en las personas que han asumido desafíos y se han visto forzadas a evolucionar. No porque nacieran con habilidades especiales, sino porque las circunstancias de la vida las empujaron a hacerlo.

La enseñanza de este estudio es bien clara: las personas cambian. Y no es solo algo que sucede al azar, por simple suerte, sino que es el resultado de las experiencias que vivimos, de las elecciones que tomamos y de cómo decidimos enfrentarnos a los desafíos que se nos presentan.

Cambiar no es traicionar quien eres

Muchas veces, cuando hablamos de cambio, caemos en la trampa de pensar que tenemos que convertirnos en alguien completamente diferente. Esta idea viene, en parte, de cómo la sociedad nos ha enseñado a relacionarnos con el éxito o la «mejora personal». Es fácil creer que para cambiar debes dejar atrás partes esenciales de ti, pero quiero invitarte a ver el cambio desde una perspectiva mucho más enriquecedora y, sobre todo, más alineada con quien eres de verdad.

Cambiar no significa que debas traicionar tu esencia o renunciar a lo que te hace auténtico. Muy al contrario, puede ser una oportunidad para expandir quien eres, para agregar nuevas facetas a tu vida sin necesidad de borrar las partes que ya existen. No se trata de eliminar o corregir, sino de crecer desde la aceptación. Es como si, en lugar de arrancar las raíces de un árbol para plantar otro, decidieras darle más nutrientes a ese árbol para que crezca más bonito. Empiezas a proporcionarle más agua y luz y a darle espacio para que crezca en nuevas direcciones, pero el árbol es el mismo.

Cambiar no es renunciar a lo que te hace único

Imagina que eres una persona reservada, alguien que disfruta de la calma y la introspección. En definitiva, quieres que no te molesten demasiado. Muchas veces, la sociedad puede hacerte sentir que, para tener éxito, debes ser extrovertido, carismático, siempre dispuesto a ser el centro de atención. Pero eso no es para todo el mundo, ¿no?

Este tipo de presión nos lleva a pensar que, si no somos así, estamos fallando de alguna manera. Muchas personas no entienden que el cambio no es una competición por ser otra persona, sino un proceso de explorar nuevas formas de ser tú.

Si tu personalidad es más tranquila y reflexiva, eso no quiere decir que tengas que convertirte en el alma de la fiesta para ser exitoso o feliz. Sin embargo, sí puedes trabajar en ampliar tu rango de acción. ¿Qué significa esto? Que puedes aprender a manejar mejor aquellas situaciones en las que necesitas hablar en público, por ejemplo, o en las que debes ser más líder. El cambio, en este sentido, no es una transformación radical que te borra, sino una ampliación de tus capacidades. A veces, solo necesitas integrar nuevas habilidades a lo que ya eres, sin necesidad de abandonar tu esencia.

Así que si quieres cambiar algo de ti, recuerda alinearte con la siguiente frase: «Voy a ampliar mi rango de acción, no a perder mi autenticidad».

Mi propia experiencia con la timidez

Voy a compartirte algo más personal (¡cómo no!) para que puedas ver el modo en que esto se manifiesta en la vida real. Como te conté antes, una de las cosas que siempre quise cambiar y que sentía que no podía modificar era mi timidez. Me limitaba en muchísimas situaciones. Me veía frenada no solo en contextos sociales, sino también en el ámbito profesional, donde cada vez que tenía que hablar en público o exponer mis ideas me sentía abrumada por el miedo. Durante años pensé que, para cambiar esa timidez, tenía que convertirme en alguien que no soy. Pensaba que solo los extrovertidos podían hablar con soltura o destacar en ciertos contextos, y eso me frustraba muchísimo.

Sin embargo, con el tiempo, y muchos lloros de por medio, me di cuenta de algo fundamental, de que mi timidez no era una barrera que no pudiese trabajar.

No se trataba de eliminarla por completo o de transformarme en alguien diferente, sino de aprender a convivir con esa parte de mí, a gestionar esas situaciones que me resultaban incómodas sin tener que cambiar mi naturaleza. Aprendí a preparar mejor mis exposiciones, a practicar más antes de presentar mis ideas y a encontrar mi propio estilo para comunicarme en público. E incluso empecé a exponerme en redes sociales, ¡eso fue la guinda del pastel!

Lo que descubrí fue que no tenía que ser la persona más extrovertida del mundo para comunicarme con eficacia. Podía ser yo, pero una versión de mí que sabía manejar mejor esos momentos. Eso fue lo que me permitió crecer, integrar esa habilidad y trabajar con ella. Mi crecimiento vino de aceptar quién era y cómo podía mejorar sin borrar mi esencia.

> Lo que quiero que te lleves de todo esto es que el cambio no es sinónimo de destruir lo que somos. No se trata de transformar cada aspecto de ti porque crees que es insuficiente. El verdadero cambio viene de la integración, de aceptar lo que ya eres y construir a partir de eso, añadiendo nuevas herramientas, perspectivas y habilidades. Crecer desde la aceptación te permite hacerlo de manera más sostenible, más auténtica y mucho más poderosa. No renuncies a ti mismo; en lugar de eso, pregúntate cómo puedes ampliar quien eres.

No es solo biología, sino una nueva forma de vivir

Ya hemos hablado anteriormente en este libro sobre la neuroplasticidad y de cómo tu cerebro es capaz de reorganizarse para cambiar tus patrones de pensamiento y comportamiento. La clave está en que cada decisión que tomas, cada pequeña acción que desafía lo conocido, está esculpiendo una nueva versión de ti mismo.

En línea con esto, un experimento en la Universidad

de Zúrich mostró que practicar actos deliberados de compasión hacia uno mismo durante dos meses no solo mejoró la relación de las personas con ellas mismas, sino que modificó sus cerebros. Se observó un aumento en las conexiones entre la corteza prefrontal (responsable del pensamiento racional) y la amígdala (la parte emocional), lo que les permitió manejar el estrés de manera más efectiva y tomar decisiones más alineadas con sus valores.

Pero no estamos hablando solo de teoría. El cambio no es algo etéreo ni intangible, sino algo que sucede dentro de ti, en lo más profundo de tus células cerebrales, cada vez que decides hacer algo diferente. Cuando actúas desde el coraje en lugar del miedo, cuando eliges aprender en lugar de rendirte, tu cerebro se ajusta, se reorganiza y te da el poder para que el próximo desafío sea más fácil de enfrentar.

> El cambio no es corregir lo que no funciona, sino darle más espacio a lo que sí puede funcionar. Y tu cerebro está de tu lado, siempre y cuando le des las herramientas correctas.

¿Crees que con todo esto puedes desafiar la creencia limitante de que no puedes cambiar?

SEGUNDA CREENCIA LIMITANTE: «TIENEN QUE DARSE LAS CONDICIONES PERFECTAS»

A menudo pensamos que, para iniciar un cambio importante en nuestras vidas, todas las condiciones deben estar alineadas: tener tiempo, sentirnos preparados y contar con los recursos necesarios. Pero, al igual que en la vida, en los grandes proyectos —como el lanzamiento de un cohete—, no todo puede controlarse. Aunque los ingenieros espaciales sí planifican los lanzamientos en días donde el clima es favorable, la perfección no está garantizada. Aun cuando las condiciones parecen ideales, siempre existe incertidumbre, imprevistos y ajustes sobre la marcha.

En la vida ocurre lo mismo. Es posible que esperes el momento perfecto para lanzarte hacia el cambio, pero la realidad es que ese momento ideal rara vez llega. Hay cosas que podemos planificar, pero la vida tiene la manera de lanzarnos imprevistos. El cambio no depende de tenerlo todo bajo control, sino de aprender a adaptarte mientras avanzas.

Ese día que nunca llega

Esperar a que todo esté en su lugar antes de iniciar un cambio es una estrategia que suele conllevar inacción. Si siempre estás esperando el día perfecto para empezar, lo más probable es que no llegue jamás. La vida siempre tendrá elementos que no podemos controlar: el trabajo, los compromisos familiares, imprevistos... Y cuanto más esperes, más lejano parecerá ese momento en que te sientas completamente listo.

Un estudio llevado a cabo por la Universidad de Columbia reveló que aquellos que aguardaban a que las condiciones fueran perfectas antes de realizar cambios importantes, como iniciar un nuevo hábito o proyecto, tenían un 70 por ciento menos de probabilidades de tener éxito que aquellos que se lanzaban a pesar de los obstáculos. ¿Por qué? Porque el cambio depende más de tu disposición a actuar que de las circunstancias que te rodean. El momento perfecto no llega, lo creas mientras avanzas.

Acción frente a perfección

Si bien es normal querer planificar y tener todo bajo control, la ciencia demuestra que el cerebro se adapta mejor cuando se enfrenta la incertidumbre. Cada vez que te lanzas a actuar en medio de situaciones imperfectas, estás entrenando a tu cerebro para ser más flexible y creativo.

Un experimento realizado en el Instituto Max Planck para el Desarrollo Humano encontró que las personas que decidían actuar sin esperar a que todo fuera perfecto activaban áreas cerebrales relacionadas con la creatividad y la resolución de problemas. ¿El resultado? Estos individuos no solo eran más exitosos a la hora de lograr sus objetivos, sino que también mejoraban su capacidad para gestionar futuras dificultades.

El cerebro no necesita perfección para crecer, eso le da igual; requiere acción y movimiento. Cada vez que actúas, aunque sientas que no es el momento adecuado, ayudas a que tu cerebro cree nuevas conexiones neuronales que te permitirán manejar mejor las situaciones futuras.

¿Cómo hacer frente a esta creencia?

Sabiendo que el cambio no depende de las circunstancias ideales, sino de tu capacidad para adaptarte y actuar, la pregunta es ¿cómo hacer frente a esta creencia y empezar a moverte ahora con lo que tienes? Aquí van algunas estrategias para desmontar la idea de que necesitas esperar:

1. Acepta la imperfección como parte del proceso. En lugar de aguardar a que todo esté bajo control, acepta que las imperfecciones son parte de cualquier proceso de cambio. El primer paso es darte cuenta de que nunca tendrás el cien por cien de control sobre las circunstancias. Si esperas tener todo claro y alineado antes de empezar, probablemente nunca te moverás.

Te daré un ejemplo personal: cuando lancé mi pódcast, mi vida no estaba en el mejor momento. Tenía el calendario desbordado, mil proyectos paralelos y ni idea de cómo funcionaban los programas, el audio, mi micro era horrible y no me sentía preparada. Pero entendí que, si esperaba a que todo fuera perfecto, nunca lo haría. Me lancé en medio del caos, y fue en ese proceso cuando aprendí que el cambio ocurre en el hacer, no durante la espera. Y poco a poco, lo que parecía desordenado comenzó a tener forma.

2. Empieza con pasos pequeños. No necesitas hacer grandes cambios de inmediato. Comienza con lo que puedes manejar ahora mismo. Incluso los pequeños pasos son importantes, porque te sacan de la parálisis.

Imagina que siempre has querido practicar *journaling* (escribir un diario), pero cada vez que lo intentas, te abruma la idea de llenar páginas enteras con pensamientos profundos o significativos. En lugar de intentar escribir durante horas, decides comenzar con una frase al día. Solo una. Podría ser una reflexión sobre cómo te sientes, algo que te hizo sonreír o incluso una pequeña meta para el día siguiente.

Con el tiempo, esa única frase se convierte en un párrafo y luego en varias páginas. Lo que empezó como un pequeño compromiso de unos segundos al día termina siendo una práctica que te ayuda a conectar contigo mismo de manera más profunda. No se trata de llenar esa libreta de golpe, sino de permitir que cada frase se convierta en el primer paso de algo más grande.

3. Reemplaza el «todo o nada» por el «progreso gradual». Es fácil pensar que, si no podemos hacerlo todo, no vale la pena intentarlo. Este es uno de los mayores obstáculos en el proceso de cambio. Sin embargo, la ciencia muestra que los progresos pequeños, constantes y acumulativos son los que generan el mayor impacto. Por ejemplo, un estudio de la Universidad de Stanford reveló que las personas que se enfocaban en pequeños avances diarios, en lugar de tratar de hacer cambios drásticos, tenían un 39 por ciento más de probabilidades de mantener sus hábitos a largo plazo. Los resultados no vienen de hacerlo todo de una vez, sino de manera consistente, aunque sea poco a poco.

TERCERA CREENCIA LIMITANTE: «TODO ESTÁ EN MI CONTRA, SOY LA VÍCTIMA»

El pensamiento de que eres una víctima quizá esté dificultando tu avance. Sé que hablar de esto puede resultar incómodo, incluso doloroso. Tal vez te estés diciendo «¿Cómo no voy a ser una víctima si he pasado por tanto?». Y es completamente comprensible. A nadie le gusta enfrentarse a la idea de estar atrapado en un rol que nos hace sentir impotentes. Sin embargo, te invito a que explores esta creencia con curiosidad y sin juicios. No se trata de negar lo que has vivido, sino de observar cómo esta percepción limita tu capacidad de crecer. Todos, en algún momento, hemos caído en esta trampa mental, pero entenderla es el primer paso para liberarnos de ella.

Y es que esta mentalidad victimista, aunque no lo parezca, nos da una falsa sensación de alivio a corto plazo. Nos libera temporalmente de la responsabilidad, del miedo a no poder cambiar las cosas. Pero, a largo plazo, nos deja paralizados. Y lo peor es que genera una profunda insatisfacción con nuestra vida. Al quedarnos estancados, el alivio inicial se transforma en frustración.

Alivio a corto plazo, destrucción a largo

Tener una mentalidad victimista implica pensar que todo lo malo que sucede en tu vida está fuera de tu control, que las circunstancias externas, como el trabajo, las responsabilidades familiares o el comportamiento de otras personas son las únicas que determinan tu realidad. Esto puede parecer desolador, pero lo cierto es que muchas veces nos aferramos a esta mentalidad sin darnos cuenta porque, en el fondo, nos alivia.

Cuando te ves como una víctima, te liberas de la presión de cambiar. No tienes que enfrentar el miedo al fracaso, el esfuerzo que requiere un cambio real ni la incertidumbre de los resultados. A corto plazo, esto te da un respiro, un pequeño alivio emocional. No es tu culpa, no hay nada que puedas hacer. Esta narrativa parece aliviar el peso de tener que actuar, pero es una forma de autosabotaje camuflado en protección.

Sin embargo, y esto resulta clave, ese alivio es pasajero. A largo plazo, la mentalidad victimista te roba la oportunidad de sentirte satisfecho con tu vida. Al no asumir el control, la sensación de impotencia y frustración empieza a crecer. Cuanto más tiempo pasas sin actuar, más te alejas de los cambios que realmente podrían mejorar tu vida.

Hay una explicación psicológica que ya he comentado anteriormente detrás de esta mentalidad que adoptamos: la indefensión aprendida. Esta explica que cuando experimentamos una serie de fracasos o situaciones difíciles que parecen estar fuera de nuestro control, aprendemos a sentirnos impotentes. Es decir, dejamos de intentar cambiar las cosas porque creemos que nuestras acciones no tendrán ningún efecto.

Lo más paradójico es que este alivio momentáneo que nos proporciona renunciar a nuestra capacidad de actuar y dejar de cargar con la presión de intentar un cambio en lugar de ofrecernos bienestar nos hunde más en la insatisfacción y la pasividad. A largo plazo, la indefensión aprendida no solo nos hace sentir víctimas, sino que también nos impide ver las oportunidades para cambiar nuestras circunstancias, manteniéndonos en una rueda de frustración continua.

Un estudio realizado en la Universidad de Pensilvania confirmó que las personas que habían internalizado la sensación de indefensión en una parte de sus vidas (por ejemplo, en su carrera profesional) eran más propensas a extender esa impotencia a otras áreas, como sus relaciones personales o su bienestar emocional. Así que, ¡mucho cuidadito con esto! Este patrón de indefensión generalizada es lo que refuerza la mentalidad victimista y hace que cada vez sea más difícil salir de ella.

Reconocer y romper el ciclo para hacer frente a la mentalidad victimista

Lo primero que quiero que entiendas es que resulta completamente normal caer en este patrón. No estás solo en esto, y lo más importante es reconocer que esto no es un signo de debilidad, sino de autoconocimiento. No se trata de culparte, sino de darte la oportunidad de salir de ese ciclo.

1. Acepta que el control no es total, pero sí tienes poder sobre algo. Cuando tienes una mentalidad victimista, el primer paso es asumir que no puedes controlar todo lo que te sucede, pero que siempre hay algo sobre lo que sí tienes poder: tu respuesta. El psicólogo Viktor Frankl, en su famosa obra *El hombre en busca de sentido*, cuenta que incluso en las circunstancias más horribles de su vida, como estar prisionero en un campo de concentración, siempre tenía la capacidad de elegir cómo iba a enfrentarse a esa realidad. Esa libertad interna es lo que te permite empezar a salir de la mentalidad victimista.

2. Cambia el discurso interno con amabilidad. Cuando notes que estás cayendo en frases como «No tengo tiempo», «No es mi culpa» o «El mundo está en mi contra», detente un momento. No te castigues por tener estos pensamientos, es muy humano sentirte así. Pero luego, con suavidad, empieza a cambiar este discurso. En lugar de pensar «No tengo tiempo», podrías decir «Voy a organizarme para ver si puedo sacar un hueco para lo que me importa». Cambia poco a poco ese lenguaje, y verás cómo tu perspectiva empieza a transformarse también.

3. Rodéate de personas que te empujen a avanzar. Salir de esta mentalidad puede ser difícil, sobre todo si llevas mucho tiempo atrapado en ella. Por eso es importante rodearte de personas que te apoyen sin presionarte, pero que también te empujen a actuar. Conversar con alguien que te recuerde tu valor y que te anime a hacer pequeñas cosas para cambiar puede ser el impulso que necesitas para empezar a moverte.

4. Celebra cada pequeño paso. Cada pequeña acción cuenta. Salir de la mentalidad victimista no ocurre de la noche a la mañana, pero cada vez que decides actuar en lugar de quedarte quieto, estás cambiando tu narrativa interna. Celebra esos pequeños avances, porque son los que te llevan hacia una vida más plena y satisfactoria.

Conclusión: reconoce tu poder y avanza con amabilidad

El cambio real no viene de esperar a que las circunstancias externas sean otras. Viene de reconocer que, aunque no puedes controlar todo, siempre eres dueño de tu respuesta. Mi invitación es que empieces a romper con esta mentalidad victimista, con cariño hacia ti mismo y dando pequeños pasos. El poder de transformar tu vida está dentro de ti, aunque a veces sea difícil verlo.

En los próximos capítulos, profundizaremos en

cómo actuar de forma efectiva y cómo construir hábitos sólidos para que puedas empezar a ver el cambio que tanto deseas en tu vida.

Cuarta creencia limitante: «No hay oportunidades para mí»

¿Alguna vez te ha pasado que ves un objeto en algún lugar, simplemente existiendo, y piensas: «Parece que esté ahí esperando a ser utilizado»? Ese vaso que yace en la mesa de una casa vacía, sin nadie alrededor para beber de él, pero que sigue ahí. Esa prenda en la percha de tu tienda favorita, aguardando a que alguien la compre. O ese envase de mantequilla en tu nevera que lleva un año en la estantería superior, ignorado cada vez que abres la puerta y que sabes que nunca lo terminarás.

El mundo está lleno de cosas que existen, pero que no están siendo utilizadas ni aprovechadas, solo porque la persona que podría hacer uso de ellas no se da cuenta de que están ahí. El cerebro ha aprendido a ignorarlas. Es algo así como si nuestras creencias limitantes fueran esos filtros que hacen que no veamos lo que realmente hay disponible para nosotros.

Y esto no solo pasa con los objetos, también sucede con las oportunidades en la vida. Hay muchas que existen para aportarnos algo positivo, que están ahí para ayudarnos a crecer y mejorar nuestra vida, pero —igual que pasa con la mantequilla— nos hemos acostumbrado a no verlas. Tal vez porque nos enseñaron a no correr riesgos, a mantener lo seguro y conocido, como ese sofá que nadie utiliza porque se podría estropear. ¿De qué sirve un sofá que no se usa? Así también aprendemos a no aprovechar nuestras oportunidades, porque creemos que no estamos hechos para ellas o que fallaremos.

El impacto de no ver las oportunidades

Pensar que todo son impedimentos y que no tienes oportunidades para conseguir el cambio es, en realidad (como ya debes de estar intuyendo a estas alturas), un límite en tu mente. Un límite que te niega la posibilidad de siquiera plantearte el cambio. Esa mentalidad te dice «No hay oportunidades para mí» o «Las oportunidades son para otros». Y ahí es donde se refuerzan las creencias limitantes, bloqueando cualquier impulso hacia la acción.

He visto muchas veces cómo este tipo de creencias

limitan a las personas en sus vidas igual que he visto a gente que parece tenerlo todo en su contra y que, sin embargo, consiguen romper ese filtro mental y salir a buscar las oportunidades. Aunque las condiciones no sean perfectas, aunque la vida no les haya puesto un camino fácil, hay personas que crean oportunidades donde nadie las ve, lo cual significa que tú también puedes.

Como sucedía en otros casos que hemos mencionado anteriormente, el primer paso para romper con esta creencia limitante es ser consciente de tu diálogo interno. ¿Cuántas veces has pensado cosas como «No hay oportunidades para mí» o «Siempre tengo mala suerte»? Estas frases, repetidas una y otra vez en tu mente, se convierten en tu realidad. Te convencen de que no tienes las condiciones necesarias para el cambio, cuando quizá las oportunidades están ahí esperando a que las veas de otra manera.

Así que, lo primero de todo, intenta identificar esas voces internas que te dicen que no puedes o que las oportunidades no existen. Aquí te dejo algunas de las frases típicas que podrían estar limitando tu visión del mundo, para que a partir de ahora les prestes atención cuando te vengan a la mente:

- «No hay oportunidades para mí».
- «Siempre tengo mala suerte».
- «Es demasiado tarde para cambiar mi estilo de vida».
- «No tengo suficiente tiempo para modificar mis hábitos».
- «No poseo la autodisciplina necesaria».
- «Con tanto estrés, no puedo controlarme».
- «Hay demasiadas cosas que hacer como para empezar un cambio ahora».

¿Te resultan familiares? Cada vez que uno de estos pensamientos aparezca, no lo ignores. Date cuenta de que es una creencia limitante y desafíala. Porque el hecho de que lo hayas pensado muchas veces no significa que sea verdad.

Cómo cambiar la narrativa y ver las oportunidades

Si te identificas con esta sensación, empieza por reconocer que estas creencias no son absolutas. El hecho de que hayas aprendido a pensar así no significa que no puedas desaprenderlo. Aquí te dejo algunas ideas para que empieces a cambiar tu mentalidad y abrirte a las oportunidades que existen, aunque aún no las hayas visto:

1. Cambia tu enfoque. No puedes esperar que las oportunidades o los grandes resultados toquen a tu puerta si siempre miras en la misma dirección. Cambia el ángulo desde el que observas tu vida. A veces estamos tan centrados en lo que no podemos hacer que nos olvidamos de todo lo que sí está a nuestro alcance.

2. Actúa, aunque las condiciones no sean perfectas. Aguardar el momento ideal o las condiciones perfectas ya hemos visto que es una trampa en la que muchos caemos. Si esperas a que todo esté alineado a la perfección, nunca darás ese primer paso. Empieza ahora, con lo que tienes, cada pequeño avance cuenta y te abrirá nuevas puertas.

3. Rodéate de personas capaces de ver lo que tú no ves. A veces, necesitamos el apoyo de otros para que nos ayuden a vislumbrar lo que pasamos por alto. Rodéate de personas que te inspiren, que te muestren que siempre hay más por descubrir y por hacer. No tienen que ser personas que lo tengan todo resuelto, pero sí que alberguen una visión más amplia de la vida.

4. La suerte se construye. Recuerda: la suerte no

siempre llega de la nada, sino que se construye con perseverancia, con una mentalidad abierta y con acción. No esperes a que las cosas caigan del cielo. Busca lo que quieres.

Conclusión: lleva tu cohete (tu vida) hacia las estrellas

Debajo del Sol, todo se ve más brillante, ¿verdad? Pues tienes que llevarte a ti mismo hasta allí. No se trata de esperar a que el Sol llegue a ti, sino de salir de donde estás y ponerte en un lugar donde puedas ver mejor, donde las oportunidades se hagan visibles. Si empiezas a cuestionar tus creencias limitantes, te darás cuenta de que, aunque no siempre parece que las oportunidades estén ahí, puedes crearlas tú mismo.

Ojo, no quiero caer en esos mensajes tóxicos que te hacen pensar que conseguirás todo lo que te propongas solo con intentarlo. La realidad es mucho más compleja. Hay personas y circunstancias en las que la falta de oportunidades es muy real: desigualdades estructurales, barreras económicas y un sinfín de situaciones que realmente limitan nuestras posibilidades.

> Dicho esto, creo que es útil hacer una pausa y reflexionar para entender si lo que te está frenando es una falta de oportunidad o una limitación que nace de tu mente. A veces, lo que creemos que son barreras insuperables encarnan solo reflejos de nuestras creencias limitantes.

Para que puedas comprobar el origen de estos límites, sigue estos pasos y preguntas que te ayudarán a descubrir si el obstáculo es externo o interno:

CÓMO PUEDES IDENTIFICAR SI REALMENTE HAY UNA FALTA DE OPORTUNIDAD O ES UNA LIMITACIÓN DE TU MENTE

1. **Define el cambio que deseas llevar a cabo.** ¿Cuál es el comportamiento específico que quieres cambiar?
2. **Haz una lista de obstáculos que crees que te impiden cambiarlo.** ¿Son externos (falta de tiempo, recursos...) o internos (déficit de motivación, creencias limitantes...)?

3. ¿Has intentado cambiarlo antes? Si es así, ¿cuánto tiempo has dedicado realmente a cambiar? ¿Has utilizado métodos variados y efectivos?

4. Los indicadores clave para diferenciar entre limitación mental y falta de oportunidades reales son:

FALTA DE OPORTUNIDAD REAL
- Existen factores externos verificables como la escasez de recursos, restricciones de tiempo o barreras físicas que impiden el cambio.
- Hay una consistencia en resultados negativos. A pesar de múltiples intentos y diferentes estrategias el resultado sigue siendo negativo debido a factores externos.

CREENCIA LIMITANTE
- Te repites un diálogo interno negativo y recurrente sin base objetiva.
- Lo has intentado poco o has abandonado rápido ante la primera dificultad sin explorar alternativas.
- Ignoras ejemplos de otros que han logrado el cambio en circunstancias similares o peores.

De esta primera parte te llevas para tu misión espacial...

- Todo comienza con la semilla que plantas en tu mente. La mentalidad con la que afrontas el proceso es la clave para lo que vas a cosechar después. No importa cuánto te esfuerces si la semilla, es decir, tus creencias y motivaciones, no está alineada con el tipo de fruto que deseas recoger.
- Si plantas una semilla de duda, rechazo o miedo, con toda probabilidad el resultado será un proceso agotador que te mantendrá estancado. Sin embargo, si siembras desde la autocompasión, el crecimiento y la curiosidad, lo que cosecharás será un cambio duradero, más natural y satisfactorio. La mentalidad que adoptes hoy determinará tu éxito mañana.
- Al igual que un cohete no despega sin una misión clara, una semilla no florece sin el entorno adecuado. La primera parte de este libro ha estado dedicada a prepararte mentalmente, a concienciarte sobre elegir la semilla correcta para el cambio que deseas. Si inicias tu transformación desde el rechazo o la presión externa, el cohete jamás alcanzará

el espacio, porque el combustible se agotará. En cambio, cuando te mueves por el deseo de cuidarte y evolucionar, ese impulso te llevará más lejos de lo que imaginabas.

- Lo que siembras hoy es lo que cosecharás mañana. Este es el momento de reflexionar: ¿qué tipo de semillas estás plantando? ¿Vienen del rechazo hacia ti mismo o del amor por lo que puedes llegar a ser? Porque, al final, el esfuerzo no debe centrarse solo en moverse, sino en asegurarse de que se hace en la dirección correcta.

SEGUNDA PARTE

Las misiones (los cambios)

Hasta ahora, hemos hablado de esas cosas que te impulsan a cambiar y de las resistencias que te frenan. Sabes bien que los patrones repetitivos y las barreras internas no han hecho más que detenerte en tu camino. Sin embargo, ya es momento de pasar a la acción. Aquí es donde entran en juego dos misiones que serán clave en tu proceso de transformación: cambiar de hábitos y aprender a transformar tus reacciones automáticas. Las hemos llamado misión Apolo y misión Artemis porque estas operaciones espaciales no solo marcaron un antes y un después en la historia de la humanidad, sino que reflejan a la perfección lo que trabajarás en cada etapa de tu proceso.

La misión Apolo fue la primera que nos llevó a la Luna. No se trataba solo de llegar, sino de demostrar que lo desconocido podía alcanzarse con pequeños pasos constantes. Apolo, dios de la luz, simboliza esa claridad que necesitas cuando decides cambiar algo en tu vida. Este es tu momento de empezar, no a grandes zancadas, sino con el primer paso: transformar tus hábitos.

La misión Artemis, por otro lado, tiene un enfoque más profundo. Mientras que Apolo se centra en la acción y en el cambio de hábitos conscientes, Artemis representa algo más interno. La NASA eligió el nombre de Artemis para su nueva misión lunar, cuyo objetivo no era solo llegar, sino quedarse de forma permanente. Artemisa simboliza esa idea de permanencia y consolidación.

En la mitología, Artemisa es la diosa de la caza, de la naturaleza salvaje y de la protección. Su esencia es la intensidad y la constancia. De manera similar, la misión Artemis está diseñada para ayudarte a cambiar tus reacciones automáticas y dejar de sentirte mal cada vez que pierdes el control. Es un proceso interno que busca consolidar un nuevo patrón emocional para que, en lugar de reaccionar impulsivamente o desde la angustia, respondas desde un lugar más consciente y en paz. Como la diosa que protege lo salvaje, esta misión te ayuda a recuperar el control sobre tu naturaleza emocional y a consolidar una manera más equilibrada de enfrentar tus desafíos.

> Cada misión tiene su enfoque único, y las dos son necesarias para una transformación completa. No tienes que terminar una antes de empezar la otra; es posible que trabajes una mientras la otra avanza en paralelo. Lo importante es que entiendas que cambiar tus hábitos configura un paso esencial, pero transformar tus respuestas automáticas es lo que garantiza que el cambio perdure en el tiempo.

Misión APOLO

Los hábitos

La misión Apolo toma su nombre de aquel famoso dispositivo de la NASA que llevó al ser humano a la Luna en 1969. Fue un primer gran paso, un salto hacia lo desconocido que requirió preparación, esfuerzo y pequeñas fases bien calculadas. En la mitología griega, Apolo es el dios del Sol, de la luz y de la claridad.

En esta fase inicial, la misión Apolo se centra en cambiar tus hábitos. Empezaremos por trabajar esos comportamientos conscientes, esas acciones del día a día que tienen tanto impacto y que necesitas ajustar para acercarte más a la vida que deseas.

Apolo es acción, movimiento, y esos primeros pasos que siempre parecen más difíciles. Esta misión te enseña a construir nuevos hábitos, a tomar decisiones pequeñas pero constantes, que poco a poco se convertirán en los cimientos de tu transformación.

No se trata de cambiarlo todo de una sola vez, sino de empezar y, lo más importante, mantener el rumbo.

No persigas, atrae

Si te pasas la vida persiguiendo mariposas, estas se alejarán. Pero si dedicas tiempo a crear un jardín hermoso, vendrán solas. Los hábitos funcionan de la misma manera. El objetivo no es forzar los resultados, sino crear el entorno adecuado para que aquello que deseas llegue a ti de forma natural.

Los hábitos son como ese jardín que debes cuidar para conseguir lo que quieres. La idea es no desgastarte y crear esos automatismos que te acerquen, sin tanto esfuerzo diario, a la vida que deseas.

> Pero... ¿tienes claro lo que deseas?

A veces, lo primero que necesitas preguntarte es si tienes claro lo que quieres. Si no lo sabes, tranquilo, te haré unas preguntas que te ayudarán a reflexionar. Lo importante es entender que los hábitos son el camino hacia eso. A través de ellos, sentirás que tienes las riendas de tu vida. Porque cuando no reparas en ellos, los hábitos son los que te dirigen, y muchas veces, hacia un lugar distinto al que quieres ir.

A tus hábitos no les importan tus intenciones, tus deseos ni tus planes de futuro, tan solo lo que repites una y otra vez, sea bueno o malo para ti. Y ahí está la clave: lo que haces importa y cada pequeño gesto cuenta.

Para no entrar en tecnicismos, piensa en un hábito como una acción que repites tantas veces en un mismo sitio o bajo ciertas señales que tu cerebro ha creado una asociación. Es como si se encendiera el piloto automático. Por ejemplo, si te despiertas y coges el móvil nada más abrir los ojos (y lo has hecho durante días, semanas o incluso años), tu cerebro ya no pregunta y cada mañana, al despertarte, la mano va directa al móvil sin que apenas te des cuenta.

Pero ahora pregúntate: ¿coger el móvil todos los días al despertar te está acercando a lo que realmente quieres? Si no es así, ya tienes un hábito que modificar.

Primer aprendizaje: lo que haces importa

Durante mucho tiempo, la palabra «hábito» me producía rechazo. Me sonaba a ser aburrida, predecible, a llevar una vida monótona, la típica rutina que los adultos parecen vivir sin cuestionarse. Y en mi cabeza de adolescente ¡eso era lo último que quería! No deseaba repetir el mismo patrón de vida que veía a mi alrededor, con esas rutinas que parecían tan vacías.

Pero qué equivocada estaba. Si pudiera hablarle a esa Andrea del pasado, le diría: «Los hábitos no son el enemigo, sino tus aliados». Y es que, como persona que tiende al caos (sí, esa soy yo), necesitaba más hábitos que nadie. De verdad, durante años me sentí frustrada, dejando cosas a medias, sintiendo que no era capaz de controlar nada. Mi vida estaba patas arriba, y por más que intentaba organizarla, nada parecía funcionar.

Lo que no entendía entonces es que no estaba prestando atención a los procesos. Me faltaba intención y sin imbuir de ella lo que haces, es imposible crear hábitos que trabajen a tu favor. Si cada mañana me preparo el café de una manera distinta, sin ni siquiera fijarme en lo que hago, nunca podré automatizar ese proceso. Y aunque parezca una tontería, imagina cuántas decisiones diarias podrías ahorrarte si algunas cosas fueran automáticas y no tuvieras que pensarlas tanto. ¿Cuántos hábitos saludables podrías crear que te acercaran a tus objetivos sin tener que estar todo el rato tomando decisiones que te desgastan?

Así que, mensaje a la Andrea del pasado (y a ti, si te identificas con esto):

> Los hábitos no son propios de personas aburridas, sino de aquellas que utilizan el poder de la automatización a su favor para facilitarse la vida y conseguir lo que realmente quieren.

Y ahora viene lo importante: tanto si te identificas con lo que acabo de contar como si no, te aseguro que aprender a crear e implementar hábitos, y eliminar aquellos que no te aportan nada, puede dar un giro completo a tu vida. Los hábitos no son algo que te limita; al contrario, te ayudan a liberarte. Te permiten avanzar sin fricción, sin esfuerzo constante, hacia la vida que deseas.

Wendy Wood, una psicóloga de la Universidad de Duke, realizó un estudio fascinante. Monitoreó a noventa y seis estudiantes para analizar cuántas de sus acciones diarias eran repetitivas, realizadas en los mismos contextos una y otra vez. ¿Sabes qué descubrió? Que el 43 por ciento de nuestras actividades diarias son exactamente las mismas, repetidas en idénticos escenarios. Esto nos dice algo clave: si dominas el arte de crear nuevos hábitos y deshacerte de los antiguos, estás adquiriendo una de las habilidades más poderosas que podrías tener para cambiar tu vida.

Así pues, ¿qué hábitos estás cultivando tú? ¿Estás persiguiendo mariposas o creando ese jardín que atraerá aquello que tanto anhelas? Ahora es el momento de parar, observar tu vida y preguntarte si lo que haces cada día te acerca a esa visión de la vida que tanto quieres.

Porque, en el fondo, lo que repites define hacia dónde vas.

¿Cómo puedes saber si necesitas establecer nuevos hábitos o eliminar alguno de tu vida?

Para saber si necesitas empezar tu misión de cambio estableciendo hábitos, vamos a revisar ciertas señales a las que debes prestar atención:

SEÑALES DE QUE NECESITAS INCORPORAR NUEVOS HÁBITOS

1. **Sientes que estás estancado, como si no avanzaras.** Tal vez llevas tiempo con la sensación de que tus metas personales están en pausa. Sabes que podrías dar más, pero algo te frena. Esa sensación de estar en punto muerto puede ser una señal clara de que es momento de incorporar nuevos hábitos que te impulsen hacia delante.

   Porque ¿qué sería de un jardín si no lo riegas? Lo mismo sucede contigo, precisas hábitos que te nutran y te den ese empujón que tanto buscas.

2. **Tu vida ha cambiado y tus hábitos necesitan actualizarse.** Puede que hayas cambiado de trabajo, empezado en una nueva universidad o incluso te hayas mudado a otra ciudad. Estos cambios traen nuevas responsabilidades y retos. Y si sigues con los mismos hábitos de antes, es probable que no estén alineados con tus nuevas circunstancias. Los cambios en tu vida necesitan nuevos hábitos que se adapten y te ayuden a gestionar esa transición de manera fluida.

   Como una planta que requiere ser trasplantada a una maceta más grande para seguir creciendo, tú también precisas hábitos que te sostengan en tu nueva realidad.

3. **Tienes un deseo profundo de crecer personalmente.** Quieres aprender algo nuevo, mejorar en alguna habilidad, leer más, empezar a entrenar en el gimnasio o simplemente elevar tu calidad de vida. Si sientes ese impulso por crecer, es una clara señal de que necesitas hábitos que te acompañen en ese proceso.

Porque el crecimiento personal no sucede por arte de magia; es el resultado de esos pequeños pasos que das cada día y que son, justamente, los hábitos que decidas construir.

SEÑALES DE QUE NECESITAS MODIFICAR HÁBITOS ANTIGUOS

1. **Tus hábitos actuales afectan tu salud.** Quizá fumas, bebes en exceso o llevas una vida sedentaria. Si alguno de tus hábitos está dañando tu salud física o mental, no hay duda, es hora de un cambio.
2. **Mantienes conductas que te hacen daño.** Notar que hay patrones en tu vida o en tus relaciones que van en contra de tu bienestar, tu autoimagen o tu

autocuidado es una señal poderosa de que algo necesita cambiar.

Esto incluye hábitos destructivos como el abuso de sustancias, trastornos alimentarios (como los atracones o la restricción excesiva), comportamientos de riesgo (conducir de forma imprudente, compras compulsivas), una procrastinación crónica que no te deja avanzar o una falta de límites en tus relaciones, por ejemplo. Si estos comportamientos están presentes, es una llamada de atención, necesitas nuevos hábitos que nutran, no que destruyan.

3. **Tus relaciones sociales se ven afectadas.** ¿Has notado que algunos de tus hábitos están dañando tus relaciones o limitando tu vida social?

Tal vez te aíslas o te comportas de manera obsesiva o compulsiva. Si tus acciones están erosionando las conexiones con las personas que te rodean, es momento de replantearte qué hábitos están interfiriendo. Las relaciones son como plantas delicadas, y ciertos hábitos pueden marchitarlas si no se cuidan. Cambiar estos patrones te permitirá fortalecer los vínculos que realmente importan.

Una vez que hayas reflexionado sobre estos puntos, podrás ver de manera más concreta qué es lo que está fallando y hacia dónde deberías enfocar tus esfuerzos para el cambio. Para guiarte en este proceso, he creado una guía que identifica los hábitos que podrías introducir o cambiar en tu vida diaria.

GUÍA PARA IDENTIFICAR HÁBITOS QUE INTRODUCIR O CAMBIAR

PRIMER PASO: AUTOEVALUACIÓN INICIAL

Objetivo: Reflexiona sobre tus hábitos actuales y su impacto en tu vida.

Lo primero que necesitas hacer es detenerte un momento para observar cómo funciona tu rutina diaria. Coge una libreta o abre una nueva nota en tu móvil y empieza a listar todos esos hábitos que repites día tras día sin falta. No dejes fuera nada, en este punto no los etiquetaremos como «buenos» o «malos». Incluye aquellos que están relacionados con tu salud, tu trabajo, tus relaciones y hasta tu tiempo libre. Estos pequeños actos diarios marcan la dirección de tu vida, aunque a veces no te des cuenta.

Haz una lista de tus hábitos diarios:

- Tomarte un café al despertar.
- Revisar el móvil antes de salir de la cama.
- Pasar tiempo en redes sociales.
- Hacer ejercicio por las tardes.
- Cepillarte los dientes antes de dormir.

Evalúa el impacto de cada hábito: Ahora, dale a cada hábito una puntuación del 1 al 5. Donde 1 es muy negativo (te hace sentir mal, perjudica tu salud, tu bienestar emocional o tu productividad, etcétera) y 5 es muy positivo (te hace sentir bien, mejora tu salud, te aporta energía o claridad mental, etcétera).

Ejemplo:

- **Tomar café al despertar:** 3 (te gusta, pero sientes que te apetecería intentar algo diferente).
- **Revisar el móvil antes de salir de la cama:** 1 (te deja con la sensación de haber perdido el tiempo).
- **Hacer ejercicio por las tardes:** 5 (te hace sentir fuerte y revitalizado).
- **Pasar tiempo en redes sociales:** 2 (sientes que podrías aprovechar mejor ese tiempo).

- **Cepillarte los dientes antes de dormir:** 5 (te aporta bienestar y te cuidas).

Identifica hábitos que quieras cambiar o introducir: Observa la lista y decide cuáles de estos hábitos —normalmente serán los de puntuación más baja— te gustaría eliminar o mejorar, y cuáles nuevos deseas incorporar en tu día a día. Haz una nueva lista pensando en cómo algunos cambios pueden mejorar drásticamente tu energía, tu bienestar emocional o tu productividad. ¡Este es tu momento para rediseñar tu rutina!

Ejemplo:
- **Cambiar:** revisar el móvil antes de salir de la cama (podrías reemplazarlo por abrir la ventana, sentir el aire fresco y comenzar el día con más claridad).
- **Introducir:** beber un litro de agua al despertar (para empezar el día hidratado y con energía).

SEGUNDO PASO: ESTABLECER PRIORIDADES
Objetivo: Determinar qué hábitos quieres cambiar primero para obtener el máximo beneficio.

Es hora de priorizar. Mira tu lista de hábitos para cambiar o introducir y evalúa cada uno en función de dos criterios:

1. El impacto que tendrá en tu vida (¿te ayudará a sentirte más saludable, enfocado y con más energía?).
2. Lo fácil que te resultará comenzar a aplicar ese cambio (¿es algo que puedes hacer mañana mismo sin demasiada dificultad?).

Ejemplo:
- **Alto impacto y fácil de cambiar:** beber más agua (es simple y te ayudará a sentirte más activo).
- **Alto impacto y difícil de cambiar:** hacer ejercicio regularmente (tendrás que organizar tu día, pero el beneficio será enorme).

Selecciona uno o dos hábitos para comenzar: No te sobrecargues. Cambiar todo de golpe puede ser abrumador. Elige uno o dos hábitos de alto impacto y que sean fáciles de cambiar.

¿Cómo saber si es de alto impacto?
Un hábito de alto impacto es aquel que, al modificarlo, genera una mejora significativa en varias áreas de tu vida.

Piensa en esos hábitos que, aunque pequeños, desencadenan un efecto dominó positivo: mejorar tu sueño aumenta tu energía, mejora tu concentración y equilibra tu estado de ánimo; beber agua mejora tu estado físico y, en consecuencia, mental. Si puedes identificar un hábito que influya en otras áreas de tu bienestar, entonces estás frente a un hábito de alto impacto.

Este enfoque te ayudará a construir confianza con rapidez y a ver resultados inmediatos, lo que será un incentivo para continuar con los demás.

Ejemplo:
- **Primer hábito:** beber más agua cada mañana.
- **Segundo hábito:** meditar durante cinco minutos al despertar (sin el móvil de por medio).

PRIMERA FASE: cargando potencia

Si ya has identificado una conducta que quieres modificar o implementar en tu vida, que comience la misión. El primer paso será prepararte, saber más sobre cómo funcionan los hábitos te ayudará a dominarlos. Es casi como si tuvieras que convertirte en un experto en la materia. Este momento de investigación es en el que acumulas energía, ideas y estrategias. Es la fase en la que te preparas a fondo para lo que está por venir, asegurándote de que cada parte del proceso esté alineada para el despegue. Igual que un cohete no puede iniciar su trayectoria sin haber sido completamente cargado y revisado, tú tampoco puedes lanzarte al cambio sin una buena dosis de preparación y conocimiento. Aquí empiezas a generar el impulso que te llevará directo a tu meta.

HÁBITOS > AUTOCONTROL

A lo largo de mi vida, me han repetido que no siempre gana el más fuerte. En la mayoría de los casos, lo hace el más ágil o, en ciertos contextos, el que tiene la mejor técnica. Y si entendemos ganar como conseguir aquello que te propones, te aseguro que depender únicamente de tu fuerza de voluntad para resistir las tentaciones no es lo que te permitirá lograrlo. Lo que te permitirá avanzar es lo ágil y astuto que seas a la hora de ponértelo fácil.

Crear hábitos alineados con lo que deseas te llevará mucho más lejos que tratar de controlarte todo el tiempo. Sé que esto puede sonar contradictorio, porque cuando vemos a personas que logran sus metas, es fácil pensar «¡Qué fuerza de voluntad tiene esta persona! ¿Cómo lo hará para resistirse a todas las tentaciones?». Yo misma lo he pensado muchas veces. Esa vocecita interior que susurra «No lo hagas, recuerda que esto no te llevará adonde quieres» se convierte en una batalla diaria que agota.

Pero aquí va la clave que quiero darte: las personas que sienten que tienen que autocontrolarse mucho en su día a día, normalmente mantienen hábitos fuertes en actividades poco saludables, como comer comida basura, ser sedentarios o procrastinar. Mientras que aquellas personas que no hacen un gran esfuerzo de autocontrol suelen tener hábitos fuertes en actividades más sanas, como dormir bien, hacer ejercicio o mantener disciplina en el trabajo.

> Los hábitos fuertes no se construyen resistiendo, sino alineándote con lo que deseas

Esto no significa que la fuerza de voluntad no sea importante, claro que lo es, especialmente al principio, cuando estás empezando a establecer un nuevo hábito. Pero no tiene que ser la clave para todo. La verdadera magia ocurre cuando eres lo bastante astuto para diseñar tu entorno de manera que te impulse hacia tus objetivos. Las personas que logran consolidar hábitos saludables a menudo se encuentran en menos situaciones en las que tienen que «resistir» o autocontrolarse, porque han diseñado su entorno para que las apoye en sus metas.

Diseña tu entorno para que trabaje para ti, no en tu contra.

Esta es la lección más importante: jugar a la ofensiva. En lugar de estar a la defensiva, luchando todo el tiempo contra tentaciones o distracciones, puedes anticiparte y diseñar un entorno que te facilite el camino, que te ayude a evitar esos momentos donde necesitas controlar cada impulso.

La clave está en diseñar un entorno que haga el trabajo duro por ti.

El autocontrol, en este caso, es solo una herramienta temporal. Lo que realmente te llevará lejos es construir un entorno, tanto físico como mental, que haga que tus metas se alcancen de forma casi automática, sin demasiado esfuerzo; deja que el entorno sea el que haga el trabajo duro por ti. No dependas de esa lucha interna constante y empieza a diseñar lo que te rodea para que trabaje a tu favor.

En mi último viaje a París, recuerdo pasear por esas calles bohemias, llenas de librerías en cada esquina con mi amigo Juan Andrés. Él en un momento dado se detuvo a mirar unas postales. Quería comprar un detalle para alguien especial, y yo aproveché la oportunidad para entrar a una tienda con él. Como hago siempre cuando visito un país nuevo, me dejé llevar hacia la sección de psicología. Allí, como si me estuviera esperando, encontré un pequeño libro de bolsillo que capturó mi atención. Era tan diminuto y bonito que no pude resistirme a ojearlo, aunque mi nivel de francés solo me permitía entender lo básico.

El título me llamó especialmente: *L'art de la guerre*, de Sun Tzu. Lo tomé pensando que encontraría una metáfora interesante sobre la vida o quizá algo relacionado con la autoayuda, pero, para mi sorpresa, era un libro sobre estrategias bélicas. Juan Andrés decidió llevárselo para practicar su francés. Yo lo dejé, pues sabía que terminaría siendo otro adorno en la estantería del salón. Sin embargo, una vez de vuelta en España, no pude sacármelo de la cabeza, así que me lo compré en su versión traducida al castellano.

Aunque no planeaba ir a la guerra, encontré algunas enseñanzas que resonaron en mí de manera inesperada. Una de ellas fue la idea de que no siempre gana quien tiene más fuerza o, en nuestro caso, más autocontrol.

En el tercer capítulo, Sun Tzu dice: «La suprema excelencia consiste en romper la resistencia del enemigo sin luchar». Al leerlo, algo hizo clic en mi mente. No se trata siempre de confrontar el problema de frente, de luchar y resistir, en ocasiones es mejor anticiparse, planificar y evitar que el conflicto surja en primer lugar. Cuántas veces, en lugar de simplemente fluir con las cosas, lo que de verdad necesitamos es prepararnos para los retos, neutralizarlos antes de que aparezcan.

Me hizo reflexionar sobre esa idea tan común hoy en día de «fluir con la vida». Y aunque suena bien, la realidad es que cuando tienes metas claras, no puedes dejarlo todo al azar. Necesitas adelantarte a los obstáculos, diseñar tu entorno para que las distracciones y las tentaciones no tengan ni la mínima oportunidad de detenerte.

Si, por ejemplo, sientes debilidad por los dulces (¿quién no?), no esperes a que el antojo te ataque. Si tienes alternativas saludables listas, te estarás anticipando a la tentación.

Sun Tzu también dice que «la estrategia sin tácticas es el camino más lento hacia la victoria; las tácticas sin estrategia son el ruido antes de la derrota». Esta frase es oro puro cuando la aplicas a los hábitos. ¿Cuántas veces decimos que queremos cambiar algo, pero no tenemos un plan claro de cómo hacerlo? Nos convencemos de que haremos ejercicio o de que vamos a comer mejor, pero si no sabemos con exactitud cuándo, dónde y cómo lo haremos, todo queda en buenas intenciones.

> Solo las intenciones no son suficiente, necesitas un plan concreto

Y esa es la diferencia. Las personas que logran sus metas no dependen de la motivación diaria, sino de sus estrategias. Si decides que harás ejercicio tres veces por semana, a una hora concreta, con una rutina definida, entonces estarás diseñando un plan real. Cuanto más clara sea tu estrategia, menos tendrás que luchar con las excusas o la falta de motivación.

Finalmente, cogiendo prestadas de nuevo las palabras de Sun Tzu, «las oportunidades multiplican las ventajas que se deben tomar». Aquí es donde entra la flexibilidad. No se trata de tener un plan tan rígido que no puedas ajustar. Ser flexible resulta esencial para adaptarte a las circunstancias y no caer en la frustración si algo no sale como esperabas. En lugar de rendirte, adapta el plan según sea necesario, aprovechando las oportunidades cuando aparezcan.

Así que no siempre se trata de más fuerza, sino de una mejor estrategia. Prepara el terreno para que no tengas que luchar contra ti mismo. Cuando diseñas tu entorno de forma inteligente, la batalla está ganada antes de comenzar.

Libre de influencia

Los hábitos tienen una especie de magia que crea una barrera invisible que nos protege de la influencia externa. Es decir, cuando tienes un hábito bien consolidado, los demás pierden poder sobre tus acciones.

He pasado muchas horas reflexionando sobre cuánto puede estar influyendo en mis objetivos vitales y en quién soy el entorno o los estímulos que me rodean.

Porque seamos realistas, es inevitable estar influenciado. Somos seres sociales, constantemente expuestos a otras personas y a lo que hacen. Absorbemos parte de eso, no lo podemos evitar. Pero aquí está el truco: hay una parte que sí queda bajo nuestro control. Podemos elegir nuestros hábitos y, al hacerlo, reducimos el impacto que los demás tienen sobre nosotros. Los hábitos actúan como una especie de escudo, ¿no te parece genial?

Un estudio del Laboratorio de Hábitos, realizado por Asaf Mazar y Wendy Wood, demostró justo esto. Durante las entrevistas a estudiantes en el comedor de la Universidad del Sur de California, el entrevistador bebía diferentes cantidades de agua: a veces mucha y otras poca. Lo curioso fue que los estudiantes que ya tenían el hábito de beber agua regularmente no se dejaron influenciar. Continuaron bebiendo la misma cantidad, sin importar lo que hacía el entrevistador. Sin embargo, aquellos que no tenían el hábito consolidado se vieron influenciados por ello.

¿Y por qué pasa esto? Porque, aunque tenemos en el cerebro algo llamado «neuronas espejo», que nos llevan a imitar a otros sin darnos cuenta, los hábitos bien consolidados son más fuertes. Las neuronas espejo nos ayudan a aprender y conectar con las personas imitando sus acciones, pero, cuando ya hemos repetido una conducta lo suficiente como para que se vuelva un hábito, este gana la batalla.

El ciclo del hábito

Cuando repites un comportamiento de manera consistente, tu cerebro se transforma de forma literal. Es como si estuvieras trazando un camino cada vez más claro y directo. Cuanto más lo recorres, más fácil se vuelve seguirlo, hasta el punto en que ya no necesitas pensar en ello, simplemente ocurre de manera automática. Esto es un hábito.

Cada hábito sigue un ciclo simple pero efectivo: señal, rutina y recompensa.

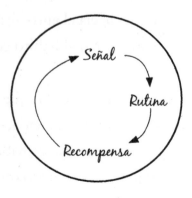

- **Señal:** es el disparador que activa el comportamiento. Puede ser una hora del día, una emoción, un lugar o incluso algo tan común como escuchar tu alarma por la mañana. Esa señal es la que te empuja a realizar una acción, como empezar tu rutina de ejercicio o recurrir a una compra impulsiva cuando te sientes frustrado.
- **Rutina:** es la acción que realizas como respuesta a la señal. Si tu objetivo es leer más, por ejemplo, la rutina podría ser dedicarle veinte minutos cada noche antes de dormir. Lo importante es que esa rutina sea clara y fácil de seguir, sin complicaciones.
- **Recompensa:** después de completar la rutina, viene la recompensa, y esta es esencial porque le dice a tu cerebro que valió la pena. Puede ser algo tangible, como un pequeño premio, o más intangible, como la satisfacción personal, el bienestar o simplemente sentir que lograste algo. Por ejemplo, tras tu rutina de lectura, podrías disfrutar de una taza de té relajante, lo que refuerza la acción y la hace más atractiva para repetirla.

Este ciclo, repetido muchas veces, transforma el comportamiento en algo automático. Ahora bien, aunque a menudo se dice que formar un hábito lleva veintiún días, la realidad es que esto puede variar desde dieciocho hasta doscientos cuarenta y cinco, según estudios científicos. Así que paciencia, constancia y claridad son la clave aquí.

TODO ES COSA DE CONEXIÓN

Cada vez que repites un comportamiento, las conexiones entre las neuronas que participan en esa acción se vuelven más fuertes. Es como cuando alguien hace nuevos amigos. Al principio, se necesita tiempo para conocerse y entenderse, pero cuanto más se ven, más rápido se entienden y mejor captan sus bromas internas y su lenguaje. Al final, ni siquiera necesitan explicarse para comunicarse, basta con una mirada o un gesto para que lo sepan todo.

Así funciona tu cerebro. Las neuronas que se «disparan» juntas durante una acción, como leer o hacer ejercicio, empiezan a crear un camino más directo y eficiente entre ellas. Cuanto más se repite el ciclo, más fuerte se vuelve esa conexión.

> Al final, en las cosas importantes de la vida, todo se reduce a conexión

Esto tiene que ver con lo que en neurociencia llamamos el aprendizaje hebbiano, que básicamente dicta que las neuronas que se activan juntas se conectan juntas. Como ese grupo de amigos que te decía que, al verse todos los días, terminan forjando una conexión y un entendimiento más profundos. Cuanto más tiempo pasan trabajando juntas las neuronas, mejor se comunican, lo que hace que el hábito sea cada vez más automático.

Aquí entra en juego un componente clave: la dopamina, el neurotransmisor que hace que te sientas bien cuando logras algo. Cada vez que completas una rutina y obtienes tu recompensa, tu cerebro libera dopamina, lo que te aporta la satisfacción, el placer y la motivación necesarios para repetir la acción.

Imagina que en la metáfora de los amigos, además de hablar y entenderse mejor, cada vez que se ven se sienten bien, se ríen, se notan queridos y amados. Obviamente, con el tiempo, ese amigo va a desear seguir escuchando más chistes y quedando más, ¿verdad? Porque no solo está disfrutando de la conversación, sino que también obtiene amor y alegría. Este el pegamento que los une, las experiencias positivas.

Así funciona la dopamina en tu cerebro. Cada vez que terminas un ciclo de señal-rutina-recompensa, recibes un «regalo», «amor», «alegría» en forma de dopamina. Esto refuerza el comportamiento y te motiva a repetirlo una y otra vez. Sin embargo, si siempre dependes de las recompensas externas, puede que acabes ignorando el verdadero valor del hábito.

De ahí la importancia del equilibrio entre la motivación interna y externa que te explicaba en la primera parte del libro. El objetivo no es solo disfrutar del camino, sino asegurarte de que el mensaje detrás del hábito sea tan valioso como la recompensa. Así no dependerás únicamente de estímulos externos para seguir adelante.

¿HÁBITOS = IDENTIDAD?

A pesar de que hasta ahora he hecho hincapié en repetir, los hábitos no son solo conductas repetidas, son también un reflejo de cómo te percibes. Tu identidad juega un papel crucial en la formación y el mantenimiento de tus hábitos. Si te ves como una persona saludable, activa o disciplinada, será mucho más fácil que adoptes y mantengas comportamientos que reflejen eso.

Por ejemplo, si te consideras una persona saludable, es probable que evitar alimentos poco saludables no se presente como una lucha constante. Simplemente porque eso no va contigo. Y, ojo, porque esto va más allá de la fuerza de voluntad; tu identidad guía tus acciones de manera natural.

Aquí radica el poder real de los hábitos, cuando están alineados con tu identidad, no se sienten forzados. Son una extensión natural de ti. Sin embargo, no siempre tenemos una identidad bien integrada, y esto puede ser un gran desafío.

Soy muchas cosas

¿Te ha pasado sentir que dentro de ti coexisten diferentes versiones de ti mismo que te llevan en direcciones opuestas? Un día te ves como una persona disciplinada y al siguiente sientes que algo te empuja a sabotear tus propios esfuerzos. No te preocupes, no te pasa solo a ti. Este conflicto interno es lo que llamamos «identidad fragmentada». Puede tener su origen en situaciones en las que tu entorno te exigía comportarte de maneras diferentes y, a veces, contradictorias. Tal vez en casa necesitabas ser sumiso, mientras que en la escuela debías ser firme y asertivo. Con el tiempo, esas diferentes versiones de ti mismo no siempre se integraron bien.

Es algo que nos pasa a todos en algún grado. Estas diferentes «partes» de ti responden a los mismos estímulos de maneras completamente opuestas, lo que genera una lucha interna que puede hacer que tus hábitos entren en conflicto.

Un buen ejemplo de esto es Tania, una paciente de veinticinco años que había luchado toda su vida con su imagen corporal. Desde pequeña, su familia había sido crítica con su peso, lo que fragmentó su identidad. Por un lado, estaba la Tania perfeccionista, que seguía dietas estrictas, se ejercitaba con rigurosidad para proyectar control sobre su vida. Por otro, se hallaba la Tania vulnerable, que se sentía abrumada por la presión de ser perfecta y que en momentos de alta tensión recurría a la comida como una forma de consuelo.

El resultado era una batalla interna constante, donde un día se sentía bajo control y al siguiente fuera de él. ¿Qué ocurría aquí? Que diferentes partes de su identidad estaban asociadas a hábitos opuestos. Cuando se sentía bien consigo misma, se activaba la Tania perfeccionista y, con ella, el hábito de seguir una dieta estricta. Pero cuando se sentía herida emocionalmente, la Tania vulnerable tomaba el control, y con ella el hábito de comer en exceso.

En el proceso terapéutico, trabajamos para integrar esas partes de su identidad. No se trataba de eliminar la parte vulnerable, sino de darle un espacio dentro de una identidad más coherente. Al reconocer y aceptar esa vulnerabilidad, Tania fue capaz de manejarla de una forma más saludable, sin recurrir a los hábitos destructivos.

Así que, cuando tus hábitos estén alineados con una identidad integrada, podrás avanzar con coherencia hacia tus metas sin sentir que cada paso es una lucha. Esa es la verdadera fortaleza de un hábito: cuando se vuelve parte de ti, no necesitas depender de forma constante de la motivación o la fuerza de voluntad para mantenerlo.

El proceso de integración de tu identidad implica reconocer y aceptar las diferentes partes que conviven dentro de ti, incluso aquellas que en algún momento parecían contradictorias o en conflicto. En lugar de intentar suprimir alguna de esas facetas, lo ideal es que logres integrarlas en una narrativa unificada que refleje quien eres realmente.

Por ejemplo, en el caso de Tania, el objetivo no era

eliminar su parte vulnerable ni luchar constantemente con su perfeccionismo. El enfoque fue aceptar que ambas partes tenían un propósito y una función en su vida. Su parte perfeccionista la ayudaba a mantener el control y sentirse valiosa, mientras que la vulnerable le señalaba la necesidad de cuidado emocional. Al reconocer y darle espacio a ambas, fue capaz de modificar los hábitos que las acompañaban de una manera más saludable.

Este mismo proceso puedes aplicarlo tú. No escojas entre versiones opuestas de ti mismo, encuentra la manera de que todas ellas trabajen juntas hacia un mismo objetivo, desde la autoaceptación y el respeto hacia tu propia complejidad.

EJERCICIO PARA DETECTAR E INTEGRAR ESAS PARTES DE TU IDENTIDAD EN LA FORMACIÓN DE HÁBITOS

Primer paso: reconoce las partes de tu identidad
Tómate un momento para reflexionar sobre situaciones recientes en las que sentiste un conflicto interno. Tal vez quisiste comer de manera saludable, pero al mismo tiem-

po te surgió el impulso de picar algo que consideras menos adecuado. Es en estos momentos cuando puedes ver cómo distintas partes de ti compiten por el control.

Pregunta clave:

¤ ¿Qué parte de mí estaba actuando en ese momento? Dale un nombre a cada parte según el comportamiento que notaste.

Ejemplos de partes:

- **Parte que busca control:** quiere seguir una rutina estricta y tener todo bajo control.
- **Parte que busca placer:** necesita relajarse y disfrutar sin preocuparse por las reglas o las restricciones.
- **Parte que busca aprobación:** desea ser aceptada y admirada por los demás.

Una vez que hayas identificado estas partes, dedica tiempo a explorar de dónde vienen y cuál es su propósito.

Origen y propósito:

¤ ¿Cuándo apareció esta parte en mi vida?

- ¿Qué necesidad está tratando de satisfacer?
- ¿Cómo se comporta en distintas situaciones?

Ejemplo: la parte que busca control apareció cuando empecé a sentir que mi vida se volvía caótica. Su propósito es asegurarse de que todo funcione sin problemas, y se activa cada vez que percibo que algo está fuera de lugar.

Segundo paso: analiza qué hábitos hay asociados a ellas

Después de identificar cada parte de ti, observa los hábitos que cada una activa cuando toma el control.

Preguntas clave:
- ¿Qué hago normalmente cuando esa parte toma el control?
- ¿Cómo me siento después? ¿Qué recompensas obtiene esa parte de mí?

Ejemplo: cuando la parte que busca control está al mando, sigo una rutina estricta de ejercicio y alimentación.

Me siento bien porque estoy logrando mis objetivos, pero también tenso si las cosas no salen según lo planeado.

Luego, fíjate si hay conflictos entre estas diferentes partes de ti.

Conflictos internos:
- ¿Cuándo están estas partes en conflicto?
- ¿Qué situaciones o emociones desencadenan estos conflictos?

Ejemplo: mi parte que busca control y mi parte que busca placer a menudo chocan cuando me siento estresada. Mientras una quiere seguir una dieta estricta, la otra desea disfrutar de una comida indulgente.

Tercer paso: integra las partes en la formación de nuevos hábitos

El objetivo no es suprimir partes, sino aprender a integrarlas de manera que trabajen juntas en lugar de estar en constante conflicto.

Preguntas clave:

- ¿Cómo puedo satisfacer las necesidades de ambas partes de manera equilibrada?
- ¿Qué compromisos puedo adquirir para evitar que entren en conflicto?

Ejemplo: puedo planificar momentos de indulgencia controlada en mi rutina, de modo que esa parte que necesita placer pueda disfrutar sin que la que busca control se sienta culpable.

Cuarto paso: establece hábitos integrados

Ahora que comprendes mejor las diferentes partes de tu identidad y sus necesidades, es momento de establecer hábitos que respeten esa integración. La clave está en asegurarte de que todos los aspectos de ti se sientan escuchados y satisfechos.

Ejemplo: puedo incorporar un día a la semana en el que me permita disfrutar de una comida que realmente me gusta. Durante el resto de la semana, seguiré un plan de alimentación equilibrado, sabiendo que tengo ese momento de indulgencia programado.

SEGUNDA FASE: despegue

Metodología APOLO

Hemos llegado a la parte donde todo lo que has aprendido sobre hábitos empieza a transformarse en acción. Ya no es solo entender cómo funcionan o cómo los activa nuestro cerebro, ahora hay que ponerlo en práctica. Como Apolo, el dios que arrojaba sus flechas con precisión, estamos listos para dirigir nuestro lanzamiento hacia nuevos horizontes.

Este es el momento en que pasamos de la reflexión a la acción concreta. Al igual que Apolo, que no solo representaba la razón, sino también la valentía para avanzar, es nuestro turno para hacerlo con determinación. El programa Apolo de la NASA no fue solo resultado de la investigación, sino del coraje de dar ese primer paso y lanzarse al espacio.

Hemos aprendido que cuidar el «jardín» es más poderoso que perseguir los resultados con ansia. Igual que las mariposas llegan a uno bien atendido, los hábitos atraen lo que quieres sin forzarlo. Y ese entorno lo construyes tú, con cada pequeño paso repetido que te acerca a la vida que deseas.

Aquí entra en juego la metodología APOLO. Como el dios que siempre alcanzaba su objetivo o las misiones espaciales que requirieron paciencia y cálculo, la clave está en lanzar tu «cohete» con control, sin detenerte. Ahora, con todo lo que sabes, deja atrás las dudas y prepárate para avanzar. Estás listo para despegar.

Pasos del lanzamiento APOLO

Este es el punto en el que comienzas a convertir en acciones lo que antes eran solo intenciones. Aquí empiezas a dar forma a los cambios de manera estructurada, estableciendo un camino claro y definido para transformar tus hábitos y conductas de forma sostenida. Estos son los pasos de inicio hacia una transformación consciente y duradera.

Cada paso de APOLO es una fase en el «lanzamiento» de tus hábitos. Como cualquier misión espacial, se basa en la precisión, la planificación y la adaptabilidad. El acrónimo APOLO está diseñado para ayudarte a estructurar este proceso de manera eficiente.

APOLO
Analiza el contexto
Conoce tu «terreno de lanzamiento»

Antes de que un cohete despegue, la NASA analiza cada aspecto del entorno: el clima, el lugar de lanzamiento, la trayectoria... De la misma manera, necesitas comprender tu contexto, el terreno donde tus hábitos despegarán. Si intentas implementar un hábito sin considerar el contexto adecuado, es mucho más probable que fracase.

1. Mapeo del entorno

Piensa en el espacio donde vives, física, mental y socialmente cada día. No se trata solo de ver si tu entorno es agradable o funcional, sino de percibir algo más profundo: ¿este entorno está alineado con los cambios que quieres crear? ¿Te facilita el camino o, en realidad, te lo está complicando? Si sientes que hay algo que ajustar, es el momento perfecto para hacerlo. Los pequeños cambios pueden tener un impacto gigantesco en tu vida.

Un truco que nunca falla es la «regla de los cinco ajustes rápidos». Se trata de hacer cinco cambios pequeños pero potentes que preparen el terreno para tu nuevo hábito. A continuación te ofrezco algunos ejemplos:

- Deja el libro que quieres leer justo al lado de tu cama.
- Reorganiza la cocina para que las opciones saludables estén al alcance de la mano.
- Prepara tu ropa de deporte la noche anterior, para que cuando te levantes, la decisión ya esté tomada.

Estos cambios activan algo esencial y hacen que los hábitos fluyan casi sin que tengas que pensar en ellos. Porque aquí está el verdadero poder: el contexto. Si no entiendes bien en qué condiciones estás intentando cambiar, tu nuevo hábito simplemente no despegará o lo hará con muchas más dificultades.

Además, las investigaciones avalan que hay momentos específicos del día que pueden ser cruciales para integrar esas señales que desencadenan tus hábitos.

Al despertar: El inicio del día es uno de los momentos más poderosos para formar nuevos hábitos. Según Lally, los hábitos que se forman por la mañana tienden a consolidarse mejor, ya que hay menos distracciones externas. Ejemplo: deja tu ropa de ejercicio preparada junto a la cama, o programa una imagen inspiradora en tu móvil que te recuerde tu compromiso diario.

Antes de una actividad regular: Anclar nuevos hábitos a actividades que ya haces es una estrategia infalible. Gollwitzer demostró en 1999 que es mucho más fácil consolidar un hábito si está conectado a una rutina existente.

Ejemplo: coloca un libro sobre tu almohada para que recuerdes leer antes de dormir, justo después de cepillarte los dientes.

Durante los descansos: Los microdescansos durante el día son perfectos para introducir nuevas señales. Fogg recomienda aprovechar estos momentos, ya que requieren un mínimo esfuerzo cognitivo.

Ejemplo: mantén una botella de agua en tu escritorio como recordatorio visual para beber más durante tus pausas.

Al final del día: El cierre del día es ideal para reflexionar y establecer hábitos más tranquilos. Prochaska y DiClemente encontraron que la reflexión diaria fortalece la consolidación de nuevos comportamientos.

Ejemplo: sitúa un diario de gratitud en tu mesita de noche para anotar lo que has aprendido y cómo te has sentido a lo largo del día.

2. Gravedad emocional

Así como los astronautas entrenan en gravedad cero para prepararse para los desafíos del espacio, tú también necesitas prepararte para enfrentar las emociones difíciles que intentarán desanimarte cuando estés intentando construir un hábito.

Pero ¿qué significa exactamente entrenar en gravedad cero? En el espacio no hay gravedad que tire de los astronautas hacia el suelo, lo que significa que tienen que aprender a moverse y trabajar sin el soporte habitual que les da la Tierra. Esto requiere mucho entrenamiento, ya que todo es más difícil cuando no tienes esa estabilidad natural.

Ahora, piensa en tus emociones como una especie de «gravedad». El estrés, la frustración o el miedo pueden hacer que sientas que estás siendo arrastrado hacia abajo, lo que te impide avanzar o incluso te hace sentirte atrapado. Así que, igual que los astronautas entrenan para moverse sin gravedad, tú también necesitas prepararte para esos momentos emocionales en los que te sientes sin control y cuando el peso de tus emociones puede detenerte.

La clave es reconocer estas emociones y aprender a manejarlas. No se trata de ignorarlas o fingir que no existen, sino de entender que son una parte natural del proceso de cambio. Estas emociones no deben detenerte, así que percíbelas como una señal que te indica que necesitas ajustar algo. Piensa en ellas como el clima que la NASA revisa antes de lanzar un cohete: no siempre es perfecto, pero resulta importante saber cómo adaptarse.

Para ayudarte a lidiar con esta «gravedad emocional», puedes usar contramedidas emocionales, esto es, pequeños recursos que te ayuden a cambiar tu enfoque cuando las emociones empiezan a ser demasiado pesadas. Aquí es donde entran los contramantras, frases simples pero poderosas que puedes usar en esos momentos críticos para recordarte que tú tienes el control.

Por ejemplo, si te sientes abrumado, podrías usar un contramantra como:

- «Yo controlo mi lanzamiento».
- «Esto es solo una parte del proceso».
- «Estoy en el camino correcto».

Estos mantras te ayudan a cambiar tu energía emocional en el momento, como si te impulsaran hacia delante en lugar de dejar que la gravedad emocional te tire hacia abajo. Son como un ancla que te recuerda que tienes el control.

No es cuestión de evitar las emociones difíciles, sino de estar preparado para enfrentarlas cuando lleguen. Con el tiempo, desarrollarás más control sobre tus reacciones emocionales, y esto te permitirá avanzar incluso en los momentos más complicados.

En la práctica:
Tómate un tiempo para identificar tu entorno físico, mental y social. ¿Qué factores facilitan o dificultan el hábito que deseas implementar? Evalúa tus espacios y relaciones.

Hazte las siguientes preguntas clave:
1. ¿Qué elementos de mi entorno (personas, objetos, lugares) apoyan o sabotean mis hábitos?
2. ¿Qué emociones suelo sentir cuando no cumplo con mis hábitos? ¿Qué «gravedad emocional» me afecta?
3. ¿Qué señales invisibles (automáticas) activan mis hábitos actuales? ¿Cuáles puedo rediseñar?

Entorno físico	Entorno social	Entorno emocional
«Dejo las zapatillas de correr al lado de la cama para recordarme que debo hacer ejercicio por la mañana».	«Aviso a mi amigo de que quiero evitar las cenas fuera entresemana».	«Cuando me siento ansioso, respiro profundamente tres veces antes de tomar una decisión».

APOLO

Pequeños pasos

Encendiendo los propulsores

El lanzamiento no ocurre de inmediato. Al igual que un cohete necesita encender sus propulsores por fases, tú tienes que dividir tu proceso en micropasos que generen impulso sin desgastarte. El secreto está en lograr pequeñas victorias que acumulen velocidad.

1. **El principio de «la mínima resistencia»:** Cuando un cohete está a punto de despegar, no utiliza toda su energía de una sola vez. Al principio, usa la mínima energía posible para superar la gravedad inicial. Solo después, cuando está en pleno movimiento y fuera de la atmósfera, puede aumentar su potencia y acelerar hacia

su destino. Este principio es clave también para ti cuando inicias un nuevo hábito.

Aplicado a tu vida, esto significa que el primer paso hacia cualquier cambio debe ser tan pequeño y sencillo que casi no sientas resistencia. Si tu objetivo es meditar treinta minutos al día, no empieces intentando lograrlo de golpe. El primer paso debería ser algo tan fácil que te parezca ridículo no hacerlo. Por ejemplo, en lugar de proponerte treinta minutos, empieza con un minuto.

¿Por qué es tan importante este enfoque? Porque cuando nos enfrentamos a algo nuevo, nuestro cerebro puede sentirse abrumado si percibe que requiere demasiado esfuerzo. La resistencia aparece cuando sentimos que lo que tenemos que hacer es grande, complicado o consume mucha energía. Y esa resistencia suele ser lo que nos hace procrastinar o abandonar un hábito antes de siquiera haberlo empezado.

Si te propones algo que te parece fácil, casi insignificante, lo más probable es que lo hagas sin pensarlo dos veces. Y ese es el truco: una vez que te pones en marcha, es mucho más fácil continuar. Como un cohete que aumenta su velocidad después de despegar, tú también puedes ir incrementando gradualmente el tiempo y el esfuerzo a medida que el hábito se instala.

Por ejemplo:

- Si quieres empezar a correr, no te obligues a realizar cinco kilómetros desde el primer día. Comienza simplemente poniéndote las zapatillas y saliendo a caminar durante cinco minutos. Una vez que hayas superado esa primera resistencia, es más probable que te motives a dar un paso más.
- Si quieres escribir un libro, no te sientes esperando escribir diez páginas de una vez. Empieza con una frase, una idea. Con el tiempo, esas pequeñas acciones sumarán.

Lo importante aquí es construir la consistencia, no la cantidad ni la perfección de primeras. Y es esa perseverancia, esos pequeños gestos repetidos día tras día, lo que poco a poco va sumando y generando el cambio. De hecho, al principio ni siquiera importa la duración o la magnitud del esfuerzo. Lo fundamental es que des ese primer paso, por pequeño que sea, porque activará el proceso de transformación.

Cuando logras implementar este enfoque en tu vida, algo poderoso ocurre: te das cuenta de que empezar no tiene por qué ser difícil. Y esa sensación de facilidad te impulsa a seguir. Así es como, casi sin darte cuenta, habrás creado un hábito que antes parecía imposible de alcanzar.

2. Incrementos no lineales: Cuando pensamos en crear un nuevo hábito, es fácil caer en la trampa de creer que debemos avanzar de forma constante y lineal. Es decir, pensamos que si hoy logramos hacer diez minutos de algo, mañana deberíamos lograr quince y al día siguiente veinte, de manera progresiva y sin interrupciones. Sin embargo, la realidad es que este tipo de enfoque lineal puede volverse agotador y llevarnos al desánimo, sobre todo cuando no vemos avances inmediatos. Por eso, un enfoque más efectivo es aplicar incrementos no lineales, que permiten progresar de manera estratégica y más en consonancia con cómo funciona realmente nuestra motivación.

Un truco interesante para implementar estos incrementos no lineales es la regla de «tres-siete-diez». Esta técnica divide el proceso de establecimiento de un hábito en tres fases diferenciadas que te permiten avanzar de manera más natural y menos abrumadora:

I. **Los primeros tres días (arranque suave).** Estos primeros días son cruciales para establecer la base de tu nuevo hábito. Aquí la clave es que las acciones que tomes sean increíblemente simples y accesibles. Piensa en ellos como una prueba de calentamiento. No es el momento de presionarte demasiado, sino de asegurarte de que tu cuerpo y tu mente se sienten cómodos con el reciente comportamiento. Por ejemplo, si tu meta es empezar a hacer ejercicio, durante estos tres días podrías dedicar solo cinco minutos a una actividad ligera, como estiramientos o caminar alrededor de tu casa. El objetivo no es lograr mucho, sino simplemente empezar.

II. **Los siguientes siete días (incremento moderado).** Una vez que has completado los primeros tres días y ya has roto la inercia inicial, es momento de aumentar ligeramente la intensidad o la duración del hábito. Durante esta fase, tu cuerpo y mente ya se han familiarizado con la nueva rutina, lo que significa que están listos para un poco más de desafío.

En estos siete días, puedes duplicar o triplicar la cantidad de tiempo o esfuerzo. Si estabas caminando cinco minutos, ahora podrías aumentar a quince. Este es el momento en que empiezas a notar que el hábito ya no se siente tan extraño o difícil; te estás adaptando de manera gradual y orgánica.

III. **Los últimos diez días (ajustes estratégicos).** En esta última fase de diez días, el enfoque cambia. Ya no se trata solo de aumentar la intensidad, sino de ajustar el hábito para que encaje mejor en tu vida diaria y hacerlo sostenible a largo plazo. Es el momento de analizar qué aspectos del hábito te resultan más difíciles o qué partes podrías mejorar. Quizá descubras que puedes hacer ejercicio a primera hora de la mañana, en lugar de por la tarde, porque eso encaja mejor con tu energía. O tal vez que hay días en los que te resulta más fácil leer después de comer que antes de dormir. Estos diez días son para experimentar y ajustar, para encontrar la forma más eficiente de mantener el hábito sin que se convierta en una carga.

Este enfoque de incrementos no lineales es efectivo porque te permite progresar sin abrumarte. No estás forzando una subida constante que resulta agotadora; en cambio, te das espacio para adaptarte y ajustar en cada fase. La clave está en la flexibilidad. La regla de «tres-siete-diez» te ayuda a sentir que el hábito está evolucionando de manera natural, no como una tarea más que te pesa.

3. *Checkpoints* **de vuelo:** Al igual que una misión espacial no depende solo del momento del despegue o del aterrizaje, tu progreso en la construcción de un hábito tampoco puede esperar hasta el final del mes o del año para ser evaluado. Las misiones espaciales cuentan con *checkpoints* o puntos de verificación constantes en pleno vuelo. En ellos, los astronautas y los equipos en tierra revisan la trayectoria, hacen correcciones y ajustan todo lo necesario para asegurarse de que el cohete sigue su curso hacia el destino. Este mismo principio es el que debes aplicar a tus hábitos.

En lugar de dejar que pase mucho tiempo sin revisar cómo estás avanzando, es importante que establezcas logros semanales o quincenales. Estos *checkpoints* no son una evaluación final, sino pequeñas pausas estratégicas en las que miras hacia atrás y te preguntas ¿cómo va el proceso? ¿Estoy avanzando como esperaba? ¿Hay algo que necesite ajustar para seguir adelante? Al igual que los astronautas hacen correcciones en pleno vuelo, estos logros te permiten realizar ajustes sin esperar a que el hábito se desvíe demasiado o se vuelva insostenible.

¿Cómo implementar estos *checkpoints* de vuelo en tu vida?

- **Define los logros:** Establece momentos específicos para revisar tu progreso. Estos pueden ser una vez a la semana, cada dos o incluso diariamente al principio si te resulta útil. Lo importante es que no lo dejes demasiado. Por ejemplo, si estás trabajando en un hábito de leer veinte minutos al día, al final de la primera semana puedes preguntarte ¿he leído los días que me propuse? ¿He disfrutado el proceso o lo sentí como una tarea? El objetivo es tomar conciencia de lo que está funcionando y lo que no, para que puedas hacer pequeños ajustes.
- **Revisa sin juicio:** Durante estos *checkpoints*, es fundamental que no te juzgues por lo que no salió como esperabas. Piensa en ello como un momento para observar y ajustar, no para criticar. Si en algún punto notas que el hábito se ha vuelto difícil o que no avanzaste como querías, no significa que hayas fallado. Simplemente es una señal de que algo necesita cambiar. Quizá debes simplificar el hábito o encontrar un nuevo *trigger* que te lo recuerde. La revisión constante te da el poder de hacer esos pe-

queños ajustes que, a largo plazo, marcan una gran diferencia.

- **Haz ajustes estratégicos:** Igual que un cohete no siempre sigue una línea recta, tus hábitos pueden necesitar pequeñas correcciones para mantenerse en el curso correcto. Si durante tu revisión semanal te das cuenta de que no lograste cumplir con el hábito, no lo tomes como un fracaso, sino como una oportunidad para ajustar el rumbo. Pregúntate: ¿qué me impidió hacerlo? Tal vez te diste cuenta de que el horario en el que intentabas implementar el hábito no era el mejor o que necesitabas un recordatorio más visible. Al hacer estos pequeños ajustes, te aseguras de que sigues avanzando sin sentir que te desvías demasiado.

- **Celebra los avances pequeños:** Los *checkpoints* también son una excelente oportunidad para celebrar las victorias. No esperes hasta alcanzar un gran objetivo para sentirte bien por tu progreso. Si lograste hacer ejercicio tres días seguidos o reducir tu tiempo en redes sociales, por pequeño que parezca, es motivo para celebrar. Estas celebraciones refuerzan positivamente el hábito y te motivan para seguir adelante. Reconoce cada paso, porque son esos pequeños logros los que acumulados generan un cambio real.

En la práctica:

Simplifica el hábito de tal manera que no haya resistencia para comenzar. Si tu objetivo es hacer ejercicio cinco días a la semana, empieza con algo tan sencillo como dedicarle cinco minutos cada día.

Hazte las siguientes preguntas:

1. ¿Cuál es el paso más pequeño y sencillo que puedo dar hacia mi hábito?
2. ¿Cómo puedo asegurarme de que este paso sea fácil de repetir todos los días?
3. ¿Qué *checkpoints* de vuelo puedo establecer para revisar mi progreso?

PLANTILLA QUE SEGUIR

HÁBITO MÍNIMO VIABLE	INCREMENTO DE TIEMPO	CHECKPOINTS
«Correr un minuto por la mañana».	«Aumento el tiempo de ejercicio cinco minutos cada tres días».	«Reviso mi progreso cada domingo y ajusto si es necesario».

APOLO

Organización del proceso

Diseñar la misión

Todo lanzamiento exitoso está precedido por una organización meticulosa. Tienes que saber adónde te diriges y cuál es tu plan de vuelo. Aquí no hay improvisación. Debes diseñar el proceso de manera que esté claro qué hacer y cuándo, pero también ser lo bastante flexible como para corregir la dirección en pleno vuelo.

1. **Protocolo de rescate:** Al igual que en una misión espacial, donde siempre existen planes alternos en caso de fallos técnicos, es fundamental que tengas un «protocolo de rescate» para tus hábitos. La vida está llena de imprevistos, y si no tienes una alternativa, cualquier pequeña interrupción puede descarrilar todo tu progreso. Por eso, tener una versión de respaldo para cada hábito es clave.

    Por ejemplo, si tu objetivo es ir al gimnasio tres veces por semana, ¿qué harás si un día no puedes ir? Quizá surge una reunión inesperada o el gimnasio está cerrado. Aquí es donde entra tu plan B; en este caso, tener una rutina de ejercicios en casa que puedas hacer rápidamente con el equipo o espacio que tengas disponible. No tiene que ser tan exigente como tu plan original, pero sí suficiente para mantener el impulso y no perder la constancia.

Este tipo de contingencias también se aplica a otros hábitos. Si estás trabajando en reducir tu tiempo en redes sociales, ¿qué harás si necesitas usar tu teléfono por trabajo? Tal vez puedes programar un tiempo de desconexión anticipada o planear una actividad alternativa que te mantenga ocupado, como leer o dar un paseo.

La clave está en la flexibilidad. Al tener planes de contingencia, te aseguras de que cualquier contratiempo no se convierta en una excusa para abandonar el hábito. Estás preparado para adaptarte y seguir adelante, incluso cuando las condiciones no son perfectas. Esto no solo mantiene tu hábito en movimiento, sino que refuerza la idea de que los obstáculos son parte del proceso y no una razón para detenerte.

2. **Crea «rutas de escape»:** En ocasiones, la presión social o ciertos entornos pueden desviarte de tu curso, como corrientes inesperadas que te alejan de tu misión. Aquí es donde necesitas diseñar

«rutas de escape» que te permitan mantener el rumbo sin sentir que estás renunciando a tus compromisos o evitando situaciones sociales.

Por ejemplo, si estás trabajando en mejorar tu alimentación y a menudo sales a cenar con amigos, esto podría complicar tu progreso. Sin embargo, en lugar de evitar esos momentos sociales importantes o sentirte presionado para romper tu plan, puedes encontrar una forma de mantener el equilibrio. Una opción sería revisar el menú con antelación y elegir platos que se alineen con tus objetivos, o incluso compartir tus metas con tus amigos para que te apoyen en el proceso. De esta manera, te permites disfrutar de la experiencia social sin sacrificar tu compromiso personal. El truco está en prepararte, no en escapar.

La clave aquí es aplicar el método de «resistencia anticipada». Esto implica visualizar los obstáculos antes de que ocurran y planificar cómo responderás. Si sabes que al llegar el fin de semana te sentirás tentado a romper tu rutina de ejercicio, ya puedes visualizar ese escenario y pensar «¿Cómo puedo prepararme para ese momento?». Quizá decides que tus entrenamientos del fin de semana sean más ligeros o haces una actividad diferente, como caminar al aire libre. Lo importante es que, cuando el obstáculo llegue, ya tengas una respuesta clara y no te sientas fuera de control.

Estas «rutas de escape» no son simplemente salidas rápidas, sino soluciones inteligentes que hacen posible que disfrutes de la vida sin comprometer tu progreso. Al prever los desafíos y tener una estrategia en mente, reduces la probabilidad de que estos obstáculos te desvíen por completo. Te conviertes en el piloto de tu misión, capaz de ajustar el curso del vuelo cuando sea necesario y mantener tu enfoque sin perder el equilibrio.

En la práctica:

Organiza un plan para tu hábito, pero ten en cuenta que el plan debe ser flexible. Crea un plan A y un plan B, así no te sentirás bloqueado cuando las cosas no salgan como esperas.

Hazte las siguientes preguntas:

1. ¿Qué haré si no puedo seguir mi plan inicial? ¿Tengo un plan B listo?

2. ¿Cómo puedo diseñar mi entorno para que me atraiga hacia el hábito?
3. ¿Qué tácticas usaré para evitar distracciones o influencias externas?

PLANTILLA QUE SEGUIR

PLAN A (IDEAL)	PLAN B (CONTINGENCIA)
«Hacer ejercicio a las siete de la mañana en el gimnasio durante treinta minutos».	«Si no puedo ir al gimnasio, hago quince minutos de ejercicio en casa».

APOLO
Libérate de las expectativas
Un despegue sin muchos problemas

Muchos lanzamientos fallan por la presión de que todo debe salir perfecto. La perfección genera malestar y conflicto. En cambio, soltar expectativas excesivas y aprender a fluir con los ajustes es parte fundamental de cualquier misión espacial exitosa. El truco está en soltar, no en forzar.

1. **Mentalidad a largo plazo:** Cuando piensas en grandes cambios, es fácil caer en el error de esperar resultados inmediatos. Pero al igual que en

Apolo 11 se tardó aproximadamente diez años en desarrollar y llevar a cabo la misión, recuerda que tu viaje también puede resultar largo, estar lleno de ajustes y correcciones de trayectoria. Quizá no inviertas diez años, pero tampoco será rápido.

Aquí es donde entra en juego la «regla del 80 por ciento». No necesitas ser perfecto: si puedes cumplir con tu hábito el 80 por ciento del tiempo, estás en el camino correcto. Al igual que los ingenieros espaciales, que revisan una y otra vez y ajustan la trayectoria del cohete sin detenerlo, tú también puedes ajustar tu rutina sin sentir que has fallado. No se trata de llegar a la meta en un día, sino de mantener el impulso constante hacia ella.

Si en algún momento te desvías o no logras cumplir con el hábito, no te rindas ni lo abandones. Piensa en ello como una pequeña corrección de rumbo. Al fin y al cabo, mañana es otro día para volver a intentarlo. Lo importante es no perder de vista el largo plazo. Los resultados duraderos se construyen con constancia, no con perfección. Cada pequeño ajuste te acerca un poco más a la meta, y al mantenerte en el proceso, aunque sea con un 80 por ciento de consistencia, estarás avanzando en la dirección correcta.

El 80 por ciento en este contexto no necesariamente se trata de un cálculo exacto, sino de un enfoque flexible para medir tu progreso sin abrumarte. Aun así, si deseas ser más exacto, aquí te explico cómo podrías calcularlo de manera práctica:

Cómo calcular el 80 por ciento de cumplimiento:
- **Define la frecuencia del hábito:** primero, establece cuántas veces te propones realizar tu hábito en un periodo determinado como una semana o un mes.

  Ejemplo: supongamos que te propones meditar cinco veces por semana.
- **Aplica la regla del 80 por ciento:** para saber cuántas veces necesitas cumplir con tu hábito, simplemente calcula el 80 por ciento de la frecuencia total que te has propuesto.

Ejemplo semanal: si tu objetivo es meditar cinco veces por semana:

El 80 por ciento de 5 es
5 × 80 ÷ 100 = 4

Entonces, si meditas al menos cuatro veces por semana, estarías cumpliendo con la regla del 80 por ciento. Eso significa que te permites un margen de flexibilidad (en este caso, podrías faltar un día sin sentir que estás fallando).

- **Ajusta según tu periodo:** si prefieres calcular el 80 por ciento en un periodo más largo (por ejemplo, un mes), aplica el mismo cálculo.

Ejemplo mensual: Si quieres hacer ejercicio veinte veces al mes:

El 80 por ciento de 20 es
20 × 80 ÷ 100 = 16

Eso significa que si haces ejercicio al menos dieciséis veces en un mes estarías dentro del 80 por ciento de consistencia.

2. **Recompensas intrínsecas:** A menudo, para sentir que estamos progresando necesitamos una recompensa externa: una aprobación, un elogio o incluso un premio tangible. Lo hemos visto en la

primera parte, las recompensas externas tienen un problema: dependen de factores que no siempre podemos controlar, y cuando no llegan, nos sentimos desmotivados. La verdadera clave para mantener un hábito a largo plazo es aprender a disfrutar del proceso en sí mismo, conectar con las recompensas intrínsecas.

Una forma de hacerlo es a través del anclaje emocional. Este truco consiste en vincular el hábito que acabas de realizar con una emoción positiva y de éxito, en lugar de esperar que algo o alguien te lo reconozca.

Por ejemplo, cada vez que completes un paso de tu hábito, tómate un momento para celebrarlo internamente. Cierra los ojos y di en voz alta «Lo estoy logrando, esto es para mí». No subestimes el poder de esta afirmación. Al decirlo, creas un anclaje emocional que te refuerza desde dentro.

El reconocimiento viene de ti mismo, de esa sensación interna de logro. Al conectar emocionalmente con el hábito, lo que estás haciendo ya no se siente como una obligación o una tarea, sino como algo que te nutre y te hace sentir bien en el momento. Con el tiempo, ese pequeño gesto se convertirá en una fuente de motivación constante, algo que puedes repetir cada día, reforzando tu compromiso con el hábito.

A fin de cuentas, la satisfacción más duradera no viene de una recompensa externa, sino de saber que estás avanzando hacia lo que quieres, porque es para ti. Las recompensas intrínsecas, como el orgullo de mantenerte firme o la satisfacción de haber dado un paso más, son mucho más poderosas que cualquier premio externo. Es ese sentido de logro interno lo que te mantendrá en movimiento, incluso cuando los resultados externos tarden en llegar.

En la práctica:
Deja de buscar la perfección y comienza a celebrar el progreso. Un 80 por ciento de éxito es suficiente para ver resultados. Practica la autocompasión y aplaude tus pequeños logros.

Hazte las siguientes preguntas:
1. ¿Cómo puedo medir el éxito de manera simbólica en lugar de solo con números?

2. ¿Cómo suelto la presión de la perfección y acepto que los desvíos son parte del proceso?
3. ¿Qué recompensas intrínsecas puedo identificar en mi progreso diario?

Plantilla que seguir:

- **Celebración de micrologros:**
   «Si me ejercito cuatro días en lugar de cinco esta semana, celebro que cumplí el 80 por ciento de mi meta».
- **Recompensa intrínseca:**
   «Me siento más enérgico y saludable, y celebro eso internamente».

APOL**O**

Observación y optimización

Ajustes en pleno vuelo

1. Sistema de retroalimentación continua: A lo largo de tu proceso de adopción del nuevo hábito es importante tener una estrategia de retroalimentación constante que te permita realizar ajustes sin esperar a que algo vaya mal. Una forma sencilla y práctica de hacerlo es con un diario de vuelo de hábitos, en el que puedes anotar lo que funcionó bien y lo que podrías mejorar al final de cada semana.

En lugar de criticarte o enfocarte en lo que no hiciste, este sistema te ayuda a mantener la mentalidad de ajuste, como los ingenieros que corrigen la trayectoria de un cohete en pleno vuelo. Este enfoque es complementario al uso de la regla del 80 por ciento; si mantienes el hábito la mayoría de las veces, estás en el camino correcto.

No se trata de buscar la perfección diaria, sino de hacer pequeños ajustes que te permitan continuar con el rumbo sin desmotivarte. Observa el patrón general, no los pequeños detalles.

2. Mediciones simbólicas: En lugar de obsesionarte con métricas tradicionales, como la cantidad exacta de horas que dedicas o los kilos que bajas, es útil integrar mediciones simbólicas para evaluar tu progreso. Estas mediciones se centran en cómo te sientes más que en los números. Por ejemplo, si tu objetivo es hacer ejercicio, en lugar de medir solo los minutos o los kilómetros, presta atención a cómo cambia tu energía, tu humor o tu estado físico en general.

Por ello es importante vincular estas observaciones

con tu identidad. Puedes reforzar estas sensaciones con afirmaciones como «Estoy progresando, me siento más fuerte y enfocado».

En la práctica:
Haz un seguimiento diario de tu progreso. Si ves que un hábito no está funcionando, ajusta. No te obsesiones con la perfección, pero mantén la consistencia.

Hazte las siguientes preguntas:
1. ¿Qué ajustes puedo hacer para mejorar mi progreso sin sentirme abrumado?
2. ¿Qué hábitos se han vuelto más fáciles? ¿Qué dificultades inesperadas han surgido?
3. ¿Cómo puedo reforzar los hábitos que están funcionando?

Plantilla que seguir:

Diario de hábitos

Hoy, ¿qué hice bien?
Ejemplo: «Hoy hice ejercicio durante quince minutos».
¿Qué podría mejorar?

Ejemplo: «Intentaré levantarme diez minutos antes para no sentirme apurado».

Plantilla aplicable:

«Lanza tu hábito con APOLO»
Esta plantilla es para que la completes de manera diaria o semanal, ajustando tu plan según los desafíos o éxitos que encuentres en el camino.

1. **Análisis del contexto:**
   - Entorno físico: ....
   - Entorno social: ....
   - Emociones clave: ....

2. **Pequeños pasos:**
   - Hábito mínimo viable: ....
   - Incremento planificado: ....
   - *Checkpoint*: ....

3. **Organización del proceso:**
   - Plan A: ....
   - Plan B: ....
   - Modificaciones en el entorno: ....

4. **Liberación de las expectativas:**
   - Celebración del 80 por ciento: ....
   - Recompensa intrínseca: ....
5. **Observación y optimización:**
   - Ajustes necesarios: ....
   - Logros que celebré: ....
   - Desafíos que superé: ....

TERCERA FASE: mantenimiento

Después del lanzamiento, cuando el cohete ya está en órbita, viene la fase que, a menudo, subestimamos: el mantenimiento. Esta es la etapa en la que realmente consolidamos los cambios, el hábito se fortalece y aprendes a navegar entre las subidas y bajadas, las distracciones y las inevitables caídas. Mantener el hábito no es simplemente repetirlo de forma mecánica, sino refinarlo, adaptarlo y, sobre todo, hacerlo tuyo.

Lo interesante es que mientras el inicio de un hábito requiere un esfuerzo consciente, en esta fase de mantenimiento, el objetivo es que el hábito se convierta en una parte fluida y automática de tu vida. Pero, aunque parezca un proceso natural, hay trampas. La monotonía, las distracciones externas y la autocomplacencia son algunos de los obstáculos más comunes que pueden arruinar tu avance.

El «efecto de la montaña rusa»: ¿por qué caemos después de subir?

Uno de los retos más comunes en la fase de mantenimiento es lo que podríamos llamar «la trampa del éxito inicial»: la sensación de euforia que experimentas cuando, después de semanas de esfuerzo, empiezas a ver resultados. El camino a construir tu hábito está funcionando, te sientes bien contigo mismo y todo parece estar en su lugar. Sin embargo, muchas personas —incluyéndome a mí en mis primeros intentos— nos encontramos con un obstáculo inesperado: empezamos a relajarnos.

Es lo que los psicólogos Kaushal y Rhodes observaron en su estudio hace unos años: las personas son más propensas a abandonar un hábito justo después de haber tenido éxito inicial con él. Y es lo que han llamado «efecto de la montaña rusa».

Durante mi proceso personal, en los primeros años en los que empecé a introducir el deporte como parte constante de mi vida, me di cuenta de algo curioso. Después de un tiempo de entrenar fuerza y ver resultados, me sentía tan satisfecha con mi progreso que comencé a ser menos estricta con mi rutina. Me decía a mí misma «Bueno, hoy puedo saltarme el entrenamiento, total, estoy avanzando». Un día de descanso se convertía en dos y, antes de darme cuenta, estaba cayendo en esa trampa del éxito inicial. Esa sensación de progreso me daba permiso para relajarme y eso me empujaba hacia atrás.

Esto es lo que algunos psicólogos denominan el «efecto del relajamiento tras el éxito». Es como si el éxito inicial te diera la falsa seguridad de que ya no necesitas el mismo esfuerzo para seguir avanzando.

Anticipa los altibajos con estrategia

El truco para evitar ese retroceso no es evitar completamente los momentos en los que te desmoronas —porque llegarán—, sino prepararte para ellos. En lugar de castigarte por fallar, procura anticipar los días de baja energía o motivación y ajustarte a ellos de forma proactiva.

Por ejemplo, Pedro, un paciente con el que trabajé, se había propuesto lanzar un proyecto personal de fotografía, algo que siempre había querido hacer. Durante las primeras semanas, se animó con todo: compró equipo nuevo, organizó sesiones fotográficas y hasta abrió una cuenta en redes sociales para compartir su trabajo. Su motivación estaba por las nubes y se sentía imparable. Sin embargo, después de unos meses de éxito, empezó a notar que su entusiasmo disminuía. Las publicaciones en redes sociales se volvían más espaciadas y, poco a poco, el proyecto que había comenzado con tanta energía empezó a quedar relegado a un segundo plano.

Este es un claro ejemplo del efecto montaña rusa. Pedro había llegado a un punto alto de éxito inicial, pero luego su motivación cayó. Esto sucede porque, tras el esfuerzo inicial y los primeros logros, es común que el entusiasmo baje y la rutina pierda su atractivo.

La solución que diseñamos consistió en anticipar esos momentos de «bajada» y planificar pausas activas en su proceso. En lugar de abandonar por completo cuando sentía que su energía caía, ajustamos su rutina fotográfica para esos días. Durante las épocas de baja motivación, su objetivo no era hacer grandes sesiones de fotos, sino mantener la chispa viva con pequeños proyectos, como tomar fotos rápidas con su teléfono o buscar inspiración en nuevos estilos de fotografía.

Esto le permitió no perder el contacto con su pasión, aunque fuera a menor escala, y evitó la sensación de «caer» por completo.

EL DESAFÍO DE LA AUTOCOMPLACENCIA

Otro de los obstáculos que nos encontramos en la fase de mantenimiento es la autocomplacencia. Después de un tiempo, el hábito ya no te resulta desafiante y, como consecuencia, empiezas a tomártelo con menos seriedad. Aquí es donde entra un concepto interesante que proviene del entrenamiento deportivo: el principio de la sobrecarga progresiva. Este principio, aplicado al mantenimiento de hábitos, significa que para evitar estancarte debes introducir pequeñas variaciones o desafíos en tu hábito.

Las personas que ajustan su rutina ligeramente cada pocas semanas no solo mantienen el hábito, sino que además mejoran su rendimiento.

> Esto es clave: el hábito debe evolucionar contigo.

Una de las cosas que me enganchó de entrenar fuerza fue eso, que en otros deportes que hacía sentía que solo iba por ir. No había ningún reto. En cambio, cuando entrenas fuerza puedes ir aumentando progresivamente el peso. Te ves más fuerte y cada vez puedes un poquito más.

Resiliencia y adaptación: el «principio de elasticidad»

Cuando mantenemos un hábito a largo plazo, desarrollamos algo más que disciplina, estamos construyendo resiliencia. Pero esta no es la capacidad de mantener un hábito sin fallar, sino de recuperarse cuando las cosas no salen según lo planeado. La resiliencia en el mantenimiento de hábitos se basa en la capacidad de adaptarse sin romperse.

Imagina una goma elástica: cuando la estiras y luego la sueltas, vuelve a su forma original, pero si la tensas demasiado, puede romperse. Lo mismo ocurre con los hábitos. Si te fuerzas demasiado, puede que te quemes y acabes abandonándolo por completo. Pero si desarrollas la habilidad de estirarte y luego volver a tu forma, podrás mantener el hábito sin agotarte.

Recuerdo una vez que, después de una gripe fuerte, estuve semanas sin hacer ejercicio. Me sentía culpable por haber dejado mi rutina y, cuando intenté volver, quise retomarlo donde lo había dejado. Fue un error. Me agoté el primer día. Entonces decidí aplicar la elasticidad: en lugar de exigir lo mismo que antes, comencé con entrenamientos mucho más ligeros, permitiéndome volver al ritmo gradualmente. Lo importante no era hacer todo perfecto y al máximo nivel de inmediato, sino recuperar el hábito sin forzarme.

Conexión emocional: volver a tu «porqué»

Es fácil perder de vista por qué empezaste un hábito en primer lugar. Cuando el entusiasmo inicial desaparece, es necesario reconectar con la motivación profunda que te empujó a comenzar. Esto está respaldado por investigaciones sobre motivación intrínseca, que sugieren que las personas que se enfocan en sus valores y en el sentido más profundo detrás de sus hábitos tienen más éxito a largo plazo.

Una de mis pacientes, Laura, había logrado meditar consistentemente durante tres meses. Pero, al cabo de un tiempo, empezó a saltarse sesiones. Cuando hablamos, me dijo que ya no sentía la misma emoción al meditar. Le pregunté qué la motivó al principio y mencionó que la meditación la ayudaba a sentirse más conectada consigo misma. Le sugerí que pasara unos minutos antes de cada sesión recordando cómo la hacía sentir cuando meditar era algo nuevo y emocionante. Este simple acto de reconexión la ayudó a volver a su práctica con más entusiasmo.

El mantenimiento como evolución

Es importante que entiendas también que el mantenimiento no es una fase estática, sino un proceso de evolución continua. En esta etapa, el hábito deja de ser una tarea consciente para convertirse en una parte integrada de tu vida. Pero también es donde te adaptas, te reinventas y reconectas. Al final, los hábitos que mantienes no son solo conductas; son expresiones de quién eres y hacia dónde vas. Así, transformas tu vida, no con un simple acto heroico, sino con pequeñas muestras diarias de consistencia y adaptación.

En la práctica:

	DESCRIPCIÓN	**EJEMPLO**	**PREGUNTAS PARA REFLEXIONAR**
Anticipación de caídas	Prepara y anticipa momentos en los que puede que tu motivación baje o te enfrentes a un desafío. Define pequeños pasos para esos momentos difíciles.	Pedro anticipó que después del éxito inicial de su proyecto de fotografía su motivación podría bajar, así que planeó «pausas activas» con pequeños proyectos.	- ¿Qué situaciones pueden bajar mi motivación? - ¿Cómo puedo anticipar esos momentos? - ¿Qué actividad alternativa puedo hacer para mantener el hábito vivo?
Ajuste progresivo	Adapta la intensidad del hábito según el contexto o tu energía actual. Esto te permite mantener el hábito en marcha sin agotarte ni desmotivarte.	Planificar una actividad más suave en vacaciones, como caminar en lugar de correr, para mantener la rutina de ejercicio sin agotarse.	- ¿Qué ajustes puedo hacer sin sentir que estoy retrocediendo? - ¿Cómo puedo adaptar mi hábito a situaciones inesperadas sin perderlo por completo?
Revisión y *feedback*	Realiza revisiones periódicas para ajustar tu plan. Analiza qué está funcionando y qué no, y haz pequeñas modificaciones sin perder el rumbo general.	Revisión semanal de los progresos con pequeñas correcciones, como ajustar la cantidad de tiempo dedicado a un proyecto creativo o mejorar la organización.	- ¿Qué logros puedo celebrar esta semana? - ¿Qué ajustes menores puedo hacer para optimizar mi rendimiento? - ¿Qué desafíos puedo anticipar para la próxima semana?

Recompensas intrínsecas	En lugar de depender de recompensas externas, busca el disfrute y la satisfacción interna. Reafirma tu identidad relacionada con el hábito a través de pequeñas celebraciones.	Reconocer el crecimiento personal en lugar de esperar la aprobación externa, como cuando sientes satisfacción personal por completar una rutina de escritura diaria.	- ¿Qué emociones positivas estoy experimentando al mantener mi hábito? - ¿Cómo puedo celebrar pequeños avances sin depender de la validación externa?
Reevaluación del progreso	Asegúrate de que el hábito sigue alineado con tus objetivos a largo plazo. Reevalúa si la forma en que estás implementando el hábito aún es relevante y efectiva.	Evaluar si la cantidad de horas dedicadas a la formación sigue siendo efectiva o si necesitas ajustar la distribución de tu tiempo según nuevas prioridades.	- ¿Sigue este hábito alineado con mis objetivos a largo plazo? - ¿Cómo ha cambiado mi vida desde que comencé este hábito? - ¿Necesito hacer ajustes?

Misión ARTEMIS

Las reacciones automáticas

En la mitología, Artemisa es la diosa de la caza, de la naturaleza salvaje y de la protección. Su esencia representa tanto la intensidad como la permanencia, aspectos clave en esta segunda fase de transformación. Mientras que Apolo se centra en los hábitos conscientes que eliges cambiar, Artemisa va más allá, hacia lo más profundo: tus reacciones automáticas, esas respuestas instintivas que muchas veces te arrastran de vuelta a los patrones que intentas dejar atrás.

La misión Artemis de la NASA toma su nombre de esta diosa porque no se trata solo de regresar a la Luna, sino de quedarse allí. Por primera vez, la humanidad, además de volver a pisar este satélite, establecerá una base permanente. Y en esta misión histórica, una mujer formará parte del equipo, marcando un hito en la evolución del espacio y de nosotros mismos. La Luna será el punto de partida para futuras misiones a Marte y otros destinos. Así, Artemis simboliza no solo la llegada, sino el asentamiento y la evolución continua.

En tu proceso de cambio, el método ARTEMIS te guía en esa misma dirección: te ayudará a llegar, pero también a transformar de manera duradera esas reacciones automáticas que parecen surgir sin control. Aquí la clave está en alinear tus reacciones con la persona que quieres ser, para que no te arrastren hacia viejos patrones y sí te acerquen al cambio que estás construyendo.

Al igual que en la misión espacial, el objetivo es establecer una base sólida, un espacio dentro de ti donde esos cambios se mantengan, permitiéndote crecer y evolucionar de forma permanente. Porque este proceso, al igual que la misión Artemis, no trata sobre llegar a un destino, sino sobre quedarte, crecer y seguir avanzando.

Todos hemos estado ahí, en ese momento en el que te prometes que la próxima vez será diferente, pero cuando llega, reaccionas exactamente igual. Se activa esa respuesta automática que no puedes controlar, que te consume en cuestión de segundos: el comentario que sueltas sin pensar, el silencio que te aísla o el bloqueo que te paraliza. Es como si tu cuerpo decidiera por ti. Y después, llega el golpe de realidad y la culpa, esa sensación de haber fallado de nuevo.

Una vez más, esto no va de fuerza de voluntad ni de intentar ser mejor porque te lo has propuesto. Se basa en entender las raíces, y empezar desde ahí, desde lo que se dispara antes de que te des cuenta. Las reacciones automáticas son una de las luchas más frustrantes que veo en mis pacientes, esa incapacidad de controlar lo que parece estar programado dentro de ellos, esa vergüenza profunda cuando se ven actuando de manera que no reconocen como propia. Y lo peor de todo: se sienten atrapados.

¿Te reconoces en alguna de estas situaciones?:

- Contestas con ira levantando la voz a la primera señal de conflicto.
- Te cierras en silencio cuando alguien te hiere.
- Te quedas paralizado cuando la ansiedad toma el control.
- Sientes unos celos irracionales, aunque sabes que no hay una verdadera amenaza.

Lo más doloroso no es solo la reacción en sí, sino cómo afecta a tu visión de ti mismo. Si cada vez que algo te molesta estallas en ira, empezarás a verte como «esa persona irritable»». Si cada vez que sientes inseguridad reaccionas con celos, te etiquetas como «el celoso», aunque en tu interior sabes que no eres solo eso. Pero cuando esas reacciones automáticas definen tu comportamiento una y otra vez, es difícil escapar de la imagen que has creado —y que los demás también se han formado de ti—.

Y aquí es donde entra la operación Artemis.

Tu misión no es solo regresar a un estado anterior y volver a sentirte bien por un tiempo.

> Tu misión es evolucionar, cambiar desde la raíz cómo manejas esas reacciones automáticas que te han mantenido atrapado en patrones que ya no te sirven. No se trata de eliminar esas reacciones, sino de reprogramarlas.

Se trata de aprender cómo transformarlas en respuestas más alineadas con la persona que quieres ser.

Igual que Artemis no solo vuelve a la Luna, sino que prepara el camino para que en el futuro podamos llegar más lejos, tú estás pavimentando el camino hacia una versión de ti más fuerte, consciente y equilibrada.

No eres el producto final de esas reacciones, más bien cómo decides enfrentarlas y cambiarlas. Se trata de un proceso, no de un resultado final ejecutado a la perfección. Por tanto, no nos planteamos cambiar de la noche a la mañana ni ser perfectos, sino crear nuevas rutas para que poco a poco esas reacciones automáticas pierdan fuerza. Si no puedes controlar la chispa inicial, ten presente que sí eres dueño de lo que viene después. Con el tiempo, esas nuevas decisiones empiezan a tomar más espacio que las reacciones automáticas.

La clave de esta misión es simple: dejar de ver tus reacciones como enemigos y empezar a entenderlas como oportunidades. Cada vez que reaccionas, tienes la posibilidad de observar, aprender y ajustar. No es una cuestión de perfección, sino de progresión. Cada pequeño paso que das para cambiar esa respuesta automática te mueve en la dirección de lo que realmente quieres ser.

Imagina que te cancelan una cita importante en el último momento. De forma automática sientes una ola de frustración y decepción, y tu impulso inmediato es enviar un mensaje molesto. Pero te detienes un segundo. Observas cómo esa reacción surge en ti y te das cuenta de que no es solo la cancelación lo que te molesta, sino sentir que quizá no eres una prioridad para esa persona. Con ese entendimiento, en lugar de dejarte llevar por la irritación, ajustas tu respuesta. Respiras, eliges contestar con calma, preguntando si todo está bien y sugiriendo reprogramar la cita.

Este pequeño ajuste en tu reacción no es perfección, es progreso. Y cada vez que haces este tipo de cambio, te acercas más a la versión de ti que quieres ser.

Este es el principio de tu nueva era. Artemis representa solo el comienzo, y tú, en tu misión personal, estás preparándote para llegar a nuevos niveles de autocomprensión y control emocional.

PRIMERA FASE: cargando potencia

La primera fase es el punto de partida para cualquier proceso de cambio profundo, lo hemos visto con anterioridad en la misión Apolo. En esta fase, el objetivo es entender y tomar conciencia de tus reacciones automáticas, identificar los patrones que te generan malestar y desarrollar una comprensión más profunda de cómo tu pasado influye en tu presente. Para cambiar lo que haces, primero necesitas ver y entender con claridad qué es lo que sucede y por qué.

Las reacciones automáticas no son simples comportamientos, sino respuestas condicionadas a lo largo del tiempo por experiencias previas, relaciones significativas (en especial en la infancia) y situaciones que desbordaron tu capacidad para regularte emocionalmente. En esta fase, vamos a explorar de dónde vienen esas reacciones, cómo se manifiestan en tu cuerpo y mente y cómo puedes comenzar a hacerles frente con herramientas concretas.

ATRAPADO POR EL PASADO

Hasta ahora hemos hablado de reacciones automáticas englobando todo lo que realiza tu cuerpo de forma inconsciente. Sin embargo, necesitamos detenernos un momento para hacer una distinción importante: no todas las reacciones automáticas tienen el mismo origen.

Según mi experiencia, la mayoría de las veces cuando alguien quiere cambiar sus reacciones automáticas es porque tienden a ser desproporcionadas y causan daño, tanto a uno mismo como a sus relaciones. En casi todos estos casos puede haber un trauma subyacente que funciona como desencadenante.

¿Te estoy diciendo que por tener estallidos de ira posees un trauma? Dicho así quizá suene impactante. No siempre será el caso, pero es posible.

Veamos qué quiero decir cuando hablo de trauma.

¿Qué es el trauma?

El trauma es una cicatriz emocional que aparece cuando vivimos algo que nos supera. No es solo lo que pasó, sino cómo lo vivimos, cómo reaccionaron nuestro cuerpo y nuestra mente en ese momento. El trauma no se trata simplemente del evento en sí, también es cómo nos afecta a largo plazo y moldea nuestra manera de ver el mundo y de relacionarnos con nosotros mismos.

Cuando atravesamos una experiencia traumática, nuestro cerebro se siente desbordado porque no puede procesar lo que está sucediendo. Esto cambia la forma en que nos percibimos y cómo reaccionamos ante lo que nos sucede. Parece como si dentro de nosotros se quebrara esa sensación de seguridad, esa confianza en el mundo o en nosotros.

El problema es que, tras una experiencia así, nuestro cerebro se vuelve mucho más sensible a las amenazas, incluso cuando ya no estamos en peligro. Esa vivencia tan intensa altera nuestra capacidad de estar tranquilos y en control. Por eso, nuestras respuestas automáticas —esas reacciones que saltan sin pensarlo cuando nos sentimos estresados o ansiosos— pueden volverse más intensas o fuera de lugar, porque nuestro sistema se ha acostumbrado a vivir en alerta constante.

¿Conoces las cariátides? Son figuras femeninas esculpidas en piedra que se encuentran en la arquitectura clásica y que se usan para sostener el peso de techos y estructuras pesadas. Aunque parecen fuertes y elegantes, también tienen sus puntos débiles. Cargan tanto peso que, si se añade más o si se ejerce demasiada presión en un punto concreto, pueden llegar a quebrarse o partirse.

Después de vivir un trauma, a veces seguimos adelante como si nada, pero por dentro nos convertimos en cariátides emocionales. Por fuera parecemos fuertes, pero en nuestro interior ese peso emocional está presionando nuestras partes más frágiles. Eso hace que, cuando algo nos recuerda lo que vivimos, reaccionemos de forma exagerada.

Por ejemplo, si alguien en quien confiabas mucho te traicionó, ahora cuando alguien cancela un plan o tarda en responderte sientes una tristeza o un enfado más fuertes de lo que la situación requiere. Esto pasa porque esa pequeña acción revive una herida del pasado.

Si además tienes mucho estrés —por el trabajo o la familia—, estas reacciones se vuelven más intensas, como si tu carga emocional fuera demasiado pesada. Como las cariátides que se quiebran bajo una carga extra, nuestras defensas se disparan y reaccionamos con demasiada fuerza.

Lo bueno es que, a diferencia de las cariátides de piedra, nosotros no estamos destinados a rompernos. Podemos identificar esas partes que son más frágiles y, poco a poco, soltar esa carga. Con el tiempo, somos capaces de fortalecer esos puntos y recuperar el control sobre nuestras emociones.

Sanar el trauma es justo esto: reconocer dónde nuestras cariátides internas pueden romperse y soltar el peso antes de que sea demasiado. Así, aprendemos a reaccionar con más equilibrio y a sentirnos más ligeros emocionalmente.

> El trauma nos afecta porque se queda guardado en nuestro cuerpo y mente y aparece cuando menos lo esperamos. Cuando vivimos algo que nos hizo sentir vulnerables, es normal que nuestro cerebro se quede en alerta, tratando de protegernos, incluso mucho tiempo después de que el peligro haya pasado.

No somos solo lo que podemos explicar con palabras, también todo lo que nuestro cuerpo ha sentido y callado. A menudo, cuando intentamos cambiar algo en nosotros, nos centramos en lo que podemos recordar o contar, pero hay una historia más profunda, una que nuestro interior acoge y que no siempre sabemos escuchar.

Por eso resulta fundamental aprender a leer lo que tu cuerpo te dice, aquello que expresa a su manera. A veces, te cuenta cosas sobre esas experiencias dolorosas que has vivido. Para poder cambiar cómo reacciona tu cuerpo, primero necesitas escucharlo y luego acompañarlo hacia una nueva dirección.

Hay algo especial en la expresión inglesa «safe and sound», que se usa para decir que alguien está a salvo.

No se trata solo de hallarse protegido físicamente; también habla de sentirse pleno, en paz, como si todas las piezas estuvieran en su lugar. En inglés, cuando alguien la utiliza se refiere a sentirse completamente a salvo y tranquilo, no solo en un sentido físico, sino también emocional. «Sound» significa estar íntegro, sin heridas. Es un recordatorio de que encontrarse bien no solo depende de lo que sucede fuera, sino de cómo nos sentimos por dentro. Se basa en reconectar con esa calma interna, esa sensación de estar completos y en equilibrio, en recuperar la tranquilidad que alguna vez perdimos.

El trauma no significa que estemos rotos ni que no haya vuelta atrás. De hecho, entender lo que nos pasó y cómo nos afectó es el primer paso hacia la sanación. Con el tiempo, podemos aprender a procesar lo que vivimos, a soltar el peso que hemos estado cargando y a volver a sentirnos seguros, *safe and sound*, tanto por dentro como por fuera.

Con el apoyo adecuado, transformaremos ese dolor en una oportunidad para crecer. Sanar no significa olvidar lo que hemos vivido, sino integrar esas experiencias de una forma que nos permita seguir adelante, más fuertes, más sabios y conectados con nuestras emociones.

Traumas mayúsculos y minúsculos

La mayoría de nosotros cuando pensamos en un trauma lo imaginamos como situación concreta impactante, ya sea un accidente de tráfico, la pérdida inesperada de un ser querido o cualquier amenaza a nuestra integridad física. Sin embargo, hay muchas otras situaciones que podemos vivir en el día a día que quizá parecen menos graves pero que tienen un impacto psicológico importante en nuestra percepción. Por ejemplo: vivir situaciones de abuso en la infancia, comentarios repetidos de desprecio, etcétera.

A veces sentimos un eco de algo que nos sacudió profundamente en su día. No siempre podemos identificar de dónde viene, pero sí percibimos sus consecuencias. Sentimos cómo nos desestabilizamos cada vez que aparece. El ruido fue tan intenso en su momento o se repitió tantas veces que sigue resonando aún hoy. Nuestros sentidos no lograron procesar tanta intensidad y, como resultado, se quedó ahí, atrapado, sin que lo comprendiéramos ni lo liberásemos.

Cuando las situaciones que provocan ese ruido se mantienen en el tiempo y se perciben como menos aversivas, se conoce como «trauma acumulativo/emocional» o «trauma complejo».

Esas reacciones automáticas, aunque aparecieron para protegernos, pueden seguir afectándonos mucho tiempo después de que sea necesario. Lo bueno es que, entendiendo el trauma y cómo funciona, seremos capaces de empezar a cambiar esas respuestas automáticas. Podemos aprender a manejar esas reacciones, a reconectarnos con nuestras emociones y a recuperar el control sobre cómo queremos responder a lo que nos pasa en el presente.

Por ello, el enfoque que tomemos tendrá de forma inevitable que ir en la dirección de entender ese trauma, cómo funciona y cómo influye en nuestro cuerpo para que ese suceso no siga dirigiendo nuestras respuestas.

Minicuestionario: identificar reacciones desencadenadas por un trauma

Te dejo un pequeño cuestionario para que identifiques si estás ante una reacción desencadenada por un trauma:

1. ¿La intensidad de mi reacción es desproporcionada en relación con el estímulo, incluso si no puedo identificar una razón clara?

    ❏ Sí

Si la reacción emocional o física es extremadamente intensa y parece demasiado en comparación con la situación actual, esto podría ser un indicio de que está conectada a un trauma pasado. Este trauma puede ser explícito (consciente) o implícito (no consciente). El sistema nervioso está respondiendo a una amenaza percibida similar a una experiencia traumática, incluso si no puedes recordar o identificar la causa exacta.

❏ No

Si la reacción es proporcional a la situación, resulta más probable que se trate de un patrón aprendido o una respuesta habitual que no esté directamente relacionada con un trauma.

2. ¿Esta reacción se activa en situaciones que me recuerdan, aunque sea de forma vaga, a experiencias dolorosas o difíciles del pasado, o incluso sin recordar conscientemente un suceso específico?

❏ Sí

Si la reacción automática se activa en situaciones que evocan recuerdos o sensaciones de eventos difíciles, dolorosos o traumáticos del pasado, es probable que esté relacionada con ese trauma. Esto incluye la posibilidad de que el trauma sea implícito, donde no existe un recuerdo consciente, pero el cuerpo y la mente reaccionan como si estuvieran en peligro.

❏ **No**

Si la reacción no parece estar vinculada a experiencias pasadas específicas ni a sensaciones corporales que sugieran una respuesta traumática, podría estar más relacionada con condicionamientos actuales o patrones de comportamiento adquiridos en lugar de un trauma.

3. **¿Mi reacción incluye síntomas como malestar intenso, miedo irracional, necesidad de evitar la situación o una sensación de estar fuera de control, incluso sin tener recuerdos claros de un evento traumático?**

❏ **Sí**

Si experimentas síntomas como un malestar emocional intenso, miedo irracional, una fuerte necesidad de evitar la situación o una sensación de estar fuera de control, es posible que estas reacciones estén relacionadas con experiencias traumáticas, incluso si no hay *flashbacks* o disociación. Esto podría indicar un trauma con inicial minúscula o una reacción traumática implícita.

❏ **No**

Si no experimentas estos síntomas, es menos probable que la reacción derive de un trauma profundo y podría ser más una cuestión de hábitos o patrones de pensamiento que necesitas ajustar.

Reacción intensa y desproporcionada + activación sin recuerdo consciente o recuerdo vago del pasado + síntomas de malestar intenso o necesidad de evitar = probable trauma (explícito, implícito o sutil). Se necesita trabajar desde un enfoque de trauma, que puede incluir el trabajo somático y emocional profundo.

Reacción moderada o proporcional + no evoca situaciones pasadas ni implícitas + sin síntomas de malestar intenso o necesidad de evitar = probable patrón aprendido o condicionamiento.

Casos prácticos
Ejemplo de reacción derivada del trauma

Imagina a Javier, un paciente que, cada vez que recibía una crítica en el trabajo, explotaba. No importaba si era constructiva o un comentario sin más, él reaccionaba como si estuviera siendo atacado personalmente. Este comportamiento no venía de la nada.

Javier creció en un entorno familiar donde las críticas eran constantes y destructivas, en especial por parte de su padre. Las palabras de este no solo le dolían, también lo hacían sentirse pequeño y sin valor. Con el tiempo, la rabia y la necesidad de defenderse se convirtieron en su única forma de respuesta.

Cuando algo así sucede en la infancia, deja una marca profunda. Para Javier, cualquier crítica que recibía en su vida adulta activaba esa misma herida, como si volviera a casa y escuchara a su padre otra vez. Su cuerpo reaccionaba como lo hacía cuando era niño: defendiéndose con ira. No era una respuesta al presente, sino a una memoria emocional del pasado. Porque tal y como dice Manuel Hernández: «Hay partes de nosotros que viven en un eterno presente».

Indicadores de una reacción desencadenada por el trauma:

- La ira de Javier era desproporcionada, incluso ante críticas en apariencia inofensivas o constructivas.
- Sentía una urgencia casi instintiva de defenderse, como en su infancia, para protegerse emocionalmente.

Ejemplo de reacción no derivada del trauma

Ahora pensemos en Daniela, una chica de veintiséis años que se enfadaba muchísimo cada vez que quedaba atrapada en un atasco. Vivía en un pueblo fuera de Barcelona, por lo que tenía que conducir a diario hacia la ciudad para ir a trabajar. Si has vivido en Barcelona o sus alrededores sabes lo que significa eso en hora punta: atascos.

Estos formaban parte de su rutina y su reacción era de pura frustración. ¿Cuál es la diferencia con Javier? Que su frustración estaba vinculada al estrés del día a día: la prisa por llegar a tiempo, las expectativas laborales y la impaciencia. Era una respuesta directa a la incomodidad del momento, sin un trasfondo traumático detrás.

¿Era sano? Cien por cien no, pero resultaba proporcionado a la situación. ¿Podía trabajar para gestionarlo mejor? Sí, pero no había un trauma oculto que desencadenase su frustración. Su respuesta se limitaba al estrés inmediato y no se prolongaba más allá del atasco.

Indicadores de una respuesta no derivada del trauma:

- La reacción de Daniela era proporcional a la situación y desaparecía una vez que el estímulo (el atasco) desaparecía.
- No había una historia de dolor emocional o trauma que hiciese más intensa su respuesta.

Conectar con tu historia para entender tus reacciones

Diferenciar entre las reacciones derivadas del trauma y las que no lo son es crucial para poder gestionar nuestras respuestas. Si, como en el caso de Javier, tus reacciones automáticas se sienten fuera de control o desproporcionadas, quizá sea el momento de revisar tu historia personal. Pero si, como Daniela, te enfrentas a la frustración de la vida diaria sin un trasfondo emocional profundo, entonces es probable que solo necesites ajustar la manera en que gestionas el estrés.

La clave es tomar conciencia. Cuanto más entiendas de dónde vienen tus reacciones, más capacidad tendrás para decidir cómo responder. Porque el pasado no tiene por qué seguir dictando tu presente.

En este libro, nos enfocaremos en especial en esas reacciones que vienen derivadas de experiencias traumáticas, esas que parecen estar fuera de nuestro control y que muchas veces no entendemos del todo. Son estas reacciones, las más profundas, las que suelen generar un malestar más grande y las que tienen el poder de afectar cómo nos sentimos con nosotros mismos y con los demás. Aquí es donde pondremos nuestra atención, para que puedas comenzar a liberarte de ese peso y recuperar tu capacidad de elección en cada situación

El origen del caos

Neurocepción: el radar invisible

Volvamos un momento al proceso que estás atravesando para llegar a tu objetivo. ¿Recuerdas que uno de los factores clave para el éxito es conocerte mejor? Pues empecemos por entender qué pasa en tu cuerpo cuando tienes una reacción automática.

Hasta ahora, hemos hablado del trauma y tu historia, pero ¿cómo se traduce eso en el día a día? ¿Qué significa cuando te sientes desbordado o reaccionas sin control?

Hay un proceso que ocurre constantemente en tu cuerpo, y aunque tú no seas consciente, está siempre activo. Este proceso se llama neurocepción. Fue Stephen Porges quien le dio nombre y se refiere a la capacidad que tiene tu cerebro de evaluar el entorno sin que te des cuenta para saber si estás en un lugar seguro, en peligro o ante una amenaza más grave. A diferencia de la percepción consciente, la neurocepción trabaja en niveles profundos de tu cerebro.

Es como si tuvieras un radar interno, un sexto sentido que siempre está encendido. Piensa en una nave espacial con un detector que escanea el espacio en busca de cualquier obstáculo. Si detecta un peligro, activa todas las alarmas y desencadena una serie de reacciones automáticas que pueden afectar el curso, a menos que tomes el control manualmente o ajustes el sistema.

Este radar, tu neurocepción, está configurado con base en tu pasado. No analiza las situaciones de manera objetiva, sino en función de lo que has vivido antes. Imagina que en el pasado tu nave hubiera sido golpeada por un asteroide, y ahora, cada vez que detecta algo parecido, se pone en alerta máxima, incluso cuando ya no representa un verdadero peligro.

> Al igual que el Sol que, pese a hallarse a ciento cincuenta millones de kilómetros, sigue influyendo en la nave, tu pasado afecta tu presente, aunque te parezca que está a años luz.

Te voy a compartir otro ejemplo. Hace un tiempo, notaba que cada vez que alguien me hablaba con un tono de voz más serio o borde, mi cuerpo reaccionaba automáticamente poniéndome en tensión. Mi mente lo interpretaba como una amenaza inmediata y, sin darme cuenta, me encontraba a la defensiva o incómoda, aunque no hubiera un peligro real. Esto ocurría porque, en el pasado, ese mismo tono de voz estaba relacionado con momentos en los que me sentía atacada o criticada. Mi radar seguía activándose por algo que ya no era relevante en el presente, pero mi cuerpo no lo sabía.

Al darme cuenta de esto, empecé a preguntarme ¿realmente esta persona me está atacando o es solo mi reacción automática por experiencias pasadas? Poco a poco, desactivé esa respuesta exagerada, recordando que no todos los tonos de voz serios son sinónimo de peligro. Mi radar, que antes me protegía, ya no necesitaba estar alerta en esas situaciones.

Transformarte y cambiar tus reacciones implica ajustar tu neurocepción. Cada vez que este radar se active, necesitas realizar un análisis consciente y preguntarte «¿Esto es una amenaza ahora?».

A veces, he escuchado que la gente habla de «neurocepción defectuosa», pero yo prefiero decir que simplemente está desajustada. No es que esté rota, solo necesita actualizarse para alinearse con el presente. Y con paciencia, podemos reprogramarla.

La sensibilidad del radar: estímulos que activan tu neurocepción

Este radar es muy sensible y percibe cosas de las que a veces ni te das cuenta. Hay ciertos estímulos que, aunque no parezcan peligrosos, tu cuerpo los interpreta como una amenaza. Aquí te dejo algunos ejemplos:

- **Señales sociales:** las expresiones faciales de enojo o desprecio son una de las señales más potentes. Aunque apenas duren un segundo, tu cuerpo las capta y activa la alarma. Lo mismo ocurre con el tono de voz: si alguien te habla de manera agresiva, aunque no te grite, tu cuerpo lo interpreta como un indicio de peligro.
- **Proximidad física:** cuando alguien invade tu espacio personal y te sientes vulnerable, tu radar se activa de inmediato. Es un mecanismo de protección que viene desde tiempos antiguos, cuando estar cerca de otro representaba una posible amenaza.
- **Entornos nuevos:** estar en un lugar desconocido o con cambios inesperados en el entorno puede aumentar tu nivel de alerta. Aunque no haya un peligro real, tu cuerpo lo interpreta como tal por la falta de familiaridad.
- **Sonidos y movimientos:** ruidos fuertes, explosiones o movimientos rápidos a tu alrededor son detonadores instantáneos de tu radar. Incluso si no son peligrosos, tu cuerpo reacciona por si acaso.
- **Recuerdos:** a veces, sin saberlo, algo en el presente te recuerda un trauma del pasado. Un lugar, un

olor, una persona, y de pronto te sientes en peligro. Así, tu cuerpo responde a las memorias emocionales que guarda en lo más profundo.

Aquí viene la parte más importante: aunque parezca inevitable, tus reacciones no están fuera de tu control. Con conocimiento y conciencia, puedes aprender a reconocer cuándo tu cuerpo está reaccionando de manera automática, y tomar el control.

Poco a poco, verás como tu cuerpo ya no salta por situaciones que antes te paralizaban. Tú puedes cambiar el curso y dirigir tu vida con más tranquilidad y conciencia.

El margen de tolerancia: tu espacio para respirar y sentir sin ahogarte

Imagina que dentro de ti existe un espacio donde puedes sentir todo lo que ocurre a tu alrededor sin que te sobrepase. Ese espacio es tu margen de tolerancia.

Dentro de él, puedes enfrentarte a lo que sea: tristeza, rabia, miedo…, pero lo haces con suficiente calma para sentir que te arrastra. Es tu zona de equilibrio emocional, donde las emociones van y vienen, pero no te tiran por la borda.

Aunque hay días en los que ese margen se estrecha. Algo que normalmente habrías manejado con serenidad, de repente, se vuelve abrumador. Una crítica, un comentario inesperado o incluso una mirada pueden desatar emociones que te superan. Tu cuerpo y tu mente están en modo alerta. Tu margen de tolerancia se ha reducido, y te quedas sin ese espacio para respirar.

¿QUÉ ESTRECHA TU MARGEN DE TOLERANCIA?

El trauma, sobre todo cuando es recurrente o vivido en etapas tempranas, deja huellas profundas en tu sistema nervioso. Es como si entrenara a tu cuerpo para estar siempre en guardia, aunque ya no sea necesario. Cuando eso ocurre, tu margen de tolerancia se estrecha de forma crónica, haciendo que las situaciones diarias, incluso las pequeñas, se sientan como grandes amenazas.

¿Por qué pasa esto? Porque el trauma cambia cómo tu cerebro procesa las señales de seguridad y peligro. Tu neurocepción puede volverse hipersensible. En esos momentos, tu cuerpo entra en modo supervivencia, y lo que era una pequeña frustración se convierte en una avalancha emocional.

¿Cuándo se estrecha tu margen?

Empezar a sentir que las pequeñas cosas te desbordan es un aviso de que tu margen de tolerancia se está reduciendo. Tu cuerpo te lo dirá: notarás tensión en los músculos, tu respiración se acelerará y tus pensamientos se volverán caóticos. Es como si todo tu sistema te estuviera gritando que no puedes con nada más.

Por ejemplo, imagina que estás discutiendo con alguien cercano y, de repente, te sientes incapaz de seguir hablando con calma. La conversación te resulta agobiante, tus emociones se intensifican, y ya no puedes pensar con claridad. En ese momento, tu margen de tolerancia ha colapsado.

El trauma y tu ventana de tolerancia

Para quienes han pasado por traumas, vivir con una ventana de tolerancia reducida puede ser una constante. El trauma deja al sistema nervioso en estado de alerta permanente, como si el peligro siempre estuviera cerca. La amígdala, la parte del cerebro encargada de detectar el peligro, se vuelve hiperactiva, mientras que la corteza prefrontal, que te ayuda a tomar decisiones racionales y controlar tus emociones, pierde capacidad para intervenir. El resultado es que reaccionas con defensas automáticas, aunque la amenaza no sea real.

Cuando tu margen de tolerancia se estrecha por el trauma, tu cuerpo puede entrar en modo lucha, huida o congelación con mucha más facilidad. Una crítica en el trabajo o un desacuerdo con un amigo parecen más peligrosos de lo que realmente son, y tu cuerpo reacciona con una intensidad que ni siquiera tú comprendes. Tu cuerpo libra una batalla, aunque la situación no lo requiera.

Desregulación «por arriba» y «por abajo»

Cuando tu margen de tolerancia se reduce, el cuerpo puede responder de distintas maneras, dependiendo de cómo procesa las señales de peligro. Esta desregulación emocional se manifiesta de dos formas: «por arriba», cuando tu cuerpo entra en un estado de hiperactivación y todo parece una amenaza inmediata; o «por abajo», cuando tu sistema se desconecta por completo como un mecanismo de protección. Veamos cómo funcionan estos dos tipos de desregulación.

1. Desregulación por arriba: hipervigilancia o sobreactivación

Cuando te desregulas «por arriba», tu cuerpo entra en estado de hiperactivación. Es como si pisaras el acelerador sin saber cómo frenar. Tu neurocepción detecta peligro, aunque no lo haya, y pone a tu cuerpo en modo «lucha o huida». Sentimientos como el miedo, la ansiedad o la ira se disparan, y te ves incapaz de procesarlos con calma.

Síntomas de sobreactivación:
- **Ansiedad intensa** o ataques de pánico.
- **Ira desproporcionada** ante situaciones pequeñas.
- **Hipervigilancia**, estar siempre en guardia, esperando lo peor.
- **Impulsividad,** actuar sin pensar en las consecuencias.

Un ejemplo de esto sería una discusión con una amiga que empieza como un pequeño desacuerdo. Si te desregulas «por arriba», puedes reaccionar con ira desproporcionada, gritando o diciendo cosas que no querías, porque tu sistema nervioso está en modo lucha.

2. Desregulación por abajo: hipovigilancia o subactivación

En este caso, es como si tu sistema nervioso decidiera desconectarse por completo. Te sientes entumecida, desconectada de lo que sucede a tu alrededor. Las emociones se apagan y te encuentras en un estado de colapso emocional.

Síntomas de subactivación:
- **Apatía** o falta de energía para realizar tareas diarias.
- **Desconexión emocional**, actuar distante o ser incapaz de sentir.
- **Desesperanza** o aislamiento.
- **Dificultad para concentrarte**, como si estuvieras desconectado de la realidad.

Un ejemplo de esto sería recibir una mala noticia en el trabajo. En lugar de sentir tristeza o frustración, te desconectas por completo. No sientes nada, no reaccionas. Este es un mecanismo que tu cuerpo ha aprendido para protegerse de emociones dolorosas o peligrosas.

Reacciones automáticas y el margen de tolerancia

Las reacciones automáticas son respuestas que tu sistema nervioso activa sin que tengas que pensar en ellas. Se activan cuando algo te empuja fuera de tu ventana de tolerancia, ya sea por hiperactivación o subactivación. Dentro de tu margen, puedes procesar lo que ocurre de forma consciente. Pero cuando se estrecha, pierdes esa capacidad.

Por ejemplo, si has vivido experiencias en las que no podías confiar en los demás, tu neurocepción quizá interprete una crítica en el trabajo como una amenaza, aunque no lo sea. Tu cuerpo reacciona automáticamente, desregulándote «por arriba», con una respuesta de ira o defensa. Levantas la voz, interrumpes e incluso cortas la conversación, porque tu cuerpo está en modo supervivencia.

Del mismo modo, si te desregulas «por abajo», te congelas. No sientes nada. Este es un mecanismo que tu cuerpo ha aprendido para protegerse de emociones dolorosas o peligrosas.

¿Por qué estas reacciones automáticas están tan arraigadas?

Estas respuestas automáticas son patrones de supervivencia que has desarrollado con el tiempo. Si en tu infancia aprendiste que debías defenderte (hiperactivación) o desconectarte (subactivación) para sobrevivir emocionalmente, tu cerebro incorporó esos patrones como formas automáticas de mantenerte a salvo.

Por ejemplo, si creíste que expresar tus emociones era peligroso, tu mente y cuerpo aprendieron a callarse y desconectarse cuando te sientes amenazado. Y aunque ahora esa respuesta no te sirva, sigue activándose sin que lo pienses.

Para que puedas conocerte mejor y detectar con mayor facilidad esos momentos en los que te encuentras desregulado —cuando eres más propenso a reaccionar desde esos patrones antiguos y poco saludables—, te dejo a continuación un ejercicio práctico. Este te ayudará a identificar esos estados emocionales y físicos, y con el tiempo, te permitirá aprender a gestionar tus reacciones de forma más consciente y equilibrada.

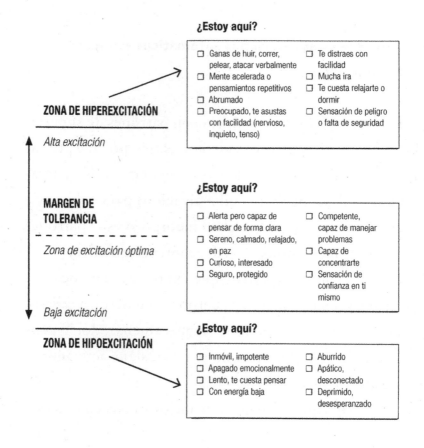

El amor

Si realmente queremos cambiar nuestras reacciones automáticas, primero necesitamos entender de dónde vienen. Y muchas veces, todo empieza con el apego. El estilo de apego que desarrollamos influye en cómo nos relacionamos con los demás y vemos el mundo. Si has pasado por experiencias difíciles o traumáticas, entender tu apego puede ser clave para conocerte mejor y manejar tus emociones y reacciones. Pero incluso si no hay trauma, este conocimiento puede ser superútil para tu crecimiento y bienestar.

El apego y nuestras reacciones automáticas

¿Qué tiene que ver el apego con nuestras reacciones automáticas? Todo. El apego no es solo un vínculo emocional que formamos con nuestros cuidadores en la infancia, sino una experiencia que moldea profundamente cómo nos desarrollamos y nos enfrentamos al mundo. Desde los primeros días de vida, las relaciones que formamos con quienes nos cuidan impactan de forma directa en cómo se estructura nuestro cerebro e influirán en cómo manejamos el estrés, cómo establecemos relaciones y cómo percibimos el mundo. Estas primeras experiencias dan forma a nuestras respuestas emocionales y condicionan cómo reaccionamos ante los desafíos a lo largo de la vida.

Imagina que acabas de llegar al mundo. No puedes moverte ni hablar ni hacer nada por ti mismo. Estás indefenso, expuesto a todo lo que te rodea. El mundo es un lugar enorme, lleno de luces, sonidos y texturas que no entiendes. Lo único que sabes es que necesitas calor, comida y seguridad, pero no puedes pedirlo. No tienes palabras ni control. Solo puedes llorar, a la espera de que alguien escuche ese grito.

Entonces ocurre algo mágico: unos brazos te sostienen, una voz suave te calma, una presencia cálida te cubre. Aunque no lo sepas conscientemente, estás aprendiendo tu primera lección de vida: cuando necesitas algo, alguien está ahí para ti. Ese es tu primer apego, el primer vínculo que formará la base de todas tus futuras relaciones. A través de este apego, tu cuerpo empieza a construir respuestas.

Si te sostienen cuando lloras, si te calman cuando te sientes mal, tu sistema nervioso crea un mapa de seguridad. Aprendes que el mundo no es tan hostil, que puedes relajarte y que está bien pedir ayuda. Estas primeras experiencias forman tus reacciones automáticas: ante el estrés, en lugar de entrar en pánico, puedes calmarte porque, en lo más profundo de ti, sabes que estarás bien.

Pero ¿y si esos brazos no llegan? ¿Y si tu llanto es ignorado o el mundo a tu alrededor se siente impredecible? Entonces tu cuerpo se prepara para protegerte. Tu sistema nervioso activa respuestas automáticas basadas en la supervivencia. Quizá dejes de llorar, no porque te hayas calmado, sino porque puede ser más seguro quedarse en silencio que seguir pidiendo ayuda. Estas respuestas automáticas, nacidas de la incertidumbre, se graban en ti y, aunque seas pequeño, se quedarán contigo durante mucho tiempo.

Así es como el apego, esa primera relación con quienes nos cuidan, traza los patrones que definirán cómo nos relacionamos con el mundo y con nosotros mismos. Si el apego es seguro, tus reacciones automáticas tenderán hacia la confianza y la apertura. Si es frágil o impredecible, es posible que desarrolles patrones más defensivos y te cierres emocionalmente incluso cuando no sea necesario.

El amor y nuestras reacciones

El amor —ese sentirte querido, escuchado o visto— es mucho más que una emoción. Forma la base sobre la que construimos nuestro sentido de pertenencia en el mundo y lo que nos da la seguridad para explorar, atrevernos, equivocarnos, y aun así sentir que seguimos siendo valiosos. Cuando te sientes querido de verdad, no solo por lo que haces o cómo te ves, sino por quién eres en lo más profundo, algo en ti cambia. Tus reacciones automáticas también se transforman.

El amor es saber que, cuando te equivocas, no te abandonarán. Es sentir que, aunque a veces no sepas cómo expresarte o pedir lo que necesitas, hay alguien dispuesto a escucharte, a estar contigo, incluso sin palabras. El amor calma esas reacciones automáticas de miedo y defensa. Te dice que es seguro abrirte, que no necesitas protegerte todo el tiempo, que puedes confiar.

Sin embargo, cuando no has experimentado ese amor de manera constante, tus reacciones automáticas siguen dominando tu vida. Cada vez que alguien no te responde como esperabas, tu mente asume lo peor: que no eres importante, que no mereces atención. Cada vez que sientes que te juzgan, tu cuerpo reacciona con ansiedad, con una necesidad urgente de protegerte y evitar el dolor que se esconde tras la vulnerabilidad.

> Por eso el amor es tan importante, porque nos enseña a sentirnos seguros. Cuando te sientes querido, tu sistema nervioso responde de una manera más calmada, menos reactiva. En lugar de ponerte a la defensiva o huir, puedes quedarte, observar y responder de forma consciente. El amor transforma tus reacciones automáticas porque te muestra que no estás solo, que hay alguien contigo compartiendo el peso de la incertidumbre.

Cuando experimentas el amor verdadero, esas reacciones automáticas dejan de estar en modo alerta. Ya no percibes ataques o juicios en cada gesto o palabra. El amor te ofrece una pausa, una oportunidad para respirar y recordar que no necesitas luchar para encontrar tu lugar en el mundo, porque ya lo tienes.

El apego y el amor están entrelazados. Las primeras experiencias de apego trazan el camino de cómo buscamos y recibimos amor en la adultez. Si aprendimos que el mundo es un lugar seguro, nuestras reacciones automáticas estarán impregnadas de confianza. Si, en cambio, crecimos en un ambiente donde el amor era impredecible o condicionado, nuestras respuestas automáticas tenderán hacia la defensa, la desconfianza o el miedo a ser vulnerables.

Apego y tu vida

El apego no solo afecta a tu bienestar emocional individual, sino que también moldea cómo interactúas socialmente. Gran parte de las respuestas emocionales que experimentas a lo largo del día no suceden en un vacío, sino en un contexto social. Se estima que más del 70 por ciento de tus reacciones emocionales diarias están relacionadas con interacciones con otras personas, ya sea de manera directa (conversaciones, críticas, comentarios) o indirecta (la percepción de cómo nos ven los demás). Tus primeras experiencias de apego determinan en gran parte si estas reacciones serán equilibradas o reactivas.

La ciencia ha demostrado que estas interacciones tempranas literalmente esculpen las conexiones en el cerebro y afectan áreas clave como la amígdala, que detecta amenazas, y la corteza prefrontal, que controla nuestras decisiones y emociones. Si tus primeras experiencias fueron seguras y consistentes, es probable que tengas un cerebro mejor preparado para gestionar el estrés y mantener la calma en situaciones sociales difíciles. Pero si esas experiencias fueron inestables, tu cerebro podría reaccionar de manera exagerada ante las amenazas sociales, incluso cuando no son reales.

Un estudio de la Universidad de Harvard encontró que las personas con apego seguro tienen menor activación de la amígdala cuando enfrentan situaciones de estrés social, mientras que aquellas con apego inseguro experimentan una activación más intensa, lo que las hace más propensas a reaccionar de manera impulsiva o ansiosa. Esto explica por qué reaccionamos de ciertas maneras ante el juicio social, la crítica o el rechazo, y cómo estas reacciones están influenciadas por nuestras primeras experiencias de apego.

Los tres principios que guían nuestras reacciones

Desde que llegamos al mundo, nuestras decisiones y reacciones automáticas están impulsadas por tres fuerzas fundamentales: buscar seguridad, evitar el dolor y encontrar placer. Estas fuerzas están tan grabadas en nosotros que, a veces, ni siquiera somos conscientes de cómo moldean nuestra vida diaria.

El problema surge cuando, en lugar de aprender a fluir con ellas de manera sana, comenzamos a desarrollar patrones automáticos que, aunque nacieron para protegernos, nos atrapan en un ciclo que nos desconecta de nosotros mismos y de los demás.

1. **Buscar seguridad**

    Como te comentaba antes, desde nuestros primeros días, la seguridad es un deseo profundo que guía nuestras acciones. Queremos sentir que estamos a salvo, física y emocionalmente. Si no sentimos esta seguridad en nuestra infancia, es como si nuestro mundo interior creciera bajo una constante nube de incertidumbre. Nuestras mentes y cuerpos entran en un estado de alerta permanente, siempre listos para defendernos, incluso cuando no hay un peligro real.

2. **Evitar el dolor**

    El dolor, en especial el emocional, es algo que todos buscamos eludir. Pero ¿qué ocurre cuando nuestras experiencias tempranas nos enseñan que el dolor es algo intolerable que nos puede desbordar? Desarrollamos formas de defensa que, aunque en un principio parecen protegernos, nos aíslan.

Tal vez comencemos a evitar las confrontaciones o a silenciar nuestras emociones por miedo a incomodar a los demás. O, peor aún, reaccionemos de manera exagerada para desviar la atención del verdadero problema, como si gritar más fuerte o alejarnos nos protegiera de sentirnos heridos. Pero cuanto más intentamos evitar el dolor, más nos desconectamos de nosotros mismos y de quienes nos rodean.

3. **Encontrar placer**

El placer debería ser una fuente de conexión profunda y bienestar, pero cuando no recibimos el amor o la validación que necesitamos en nuestros primeros años, este principio puede deformarse. En lugar de buscar placer en relaciones auténticas o en la conexión con los demás, lo hacemos en gratificaciones superficiales que solo nos brindan una satisfacción momentánea. Nos volvemos dependientes de la validación externa, del reconocimiento y nos alejamos de lo que realmente nos hace sentirnos plenos. Perseguimos aquello que creemos que llenará el vacío emocional, pero al final, este sigue presente.

El triángulo del trauma: atrapados en el ciclo de protección

Estos tres principios están conectados a lo que Manuel Hernández describe como el triángulo del trauma, una trampa emocional de las reacciones que nos dañan y que nos mantiene en un ciclo de protección, lejos de nuestra verdadera esencia.

Este triángulo se compone de tres vértices: emociones evitadas, mecanismos de defensa y respuestas reactivas. Cada uno de ellos nos aleja un poco más de la posibilidad de vivir una vida plena y auténtica.

1. **Emociones evitadas:** Evitamos sentir el rechazo, la soledad y el fracaso, creyendo que ignorarlos los hará desaparecer. Pero las emociones no se desvanecen, se ocultan, se apilan dentro de nosotros, a la espera del momento para explotar.

    Por ejemplo, alguien que ha sido rechazado muchas veces en su vida puede cerrar su corazón para no volver a sentir ese dolor. Pero esa emoción reprimida no desaparece; simplemente se transforma en una bomba de relojería que espera el momento de salir en forma de inseguridad o ira desmedida.

2. **Mecanismos de defensa:** Para protegernos de ese dolor que tanto tememos, desarrollamos mecanismos que nos dan una ilusión de control. Tal vez evitemos las conversaciones difíciles para no sentirnos expuestos.

O puede que busquemos ser perfectos en todo lo que hacemos, con la esperanza de que, si no cometemos errores, no seremos rechazados. Pero estos mecanismos, lejos de protegernos, solo profundizan nuestra desconexión. Nos aíslan y nos privan de la oportunidad de ser vulnerables y auténticos.

3. **Respuesta reactiva:** Cuando el dolor que hemos estado evitando finalmente emerge, nuestras respuestas suelen ser automáticas, desproporcionadas e incluso destructivas. Una discusión sin más puede convertirse en una pelea explosiva porque el resentimiento acumulado encuentra por fin una salida. O tal vez nos cerramos por completo, blo-

queando cualquier posibilidad de reconectar emocionalmente con quienes amamos.

Estas reacciones no resuelven el conflicto, solo hacen que el ciclo de evitación, defensa y reacción siga y nos hace sentirnos atrapados en una espiral que parece no tener fin.

Rompiendo el ciclo

Estos patrones no solo afectan nuestra vida interior, también sabotean nuestras relaciones y nuestra capacidad de disfrutar de una vida plena. La inseguridad se convierte en ansiedad; el dolor no expresado, en conflictos no resueltos. Nos quedamos atrapados en la búsqueda constante de gratificaciones superficiales, sin llegar nunca a la verdadera fuente de bienestar. Pero la clave para romper este triángulo y encontrar la libertad está en un lugar al que tememos mirar: nuestras emociones.

Cuando escuchamos, en lugar de evitar nuestras emociones, empezamos a recuperar el control sobre nuestra vida. No el control rígido y defensivo que intenta mantener el dolor a raya, sino un control suave, flexible y consciente, que nos permite responder en lugar de reaccionar. A través de nuevas experiencias de amor y conexión, podemos reescribir esas respuestas automáticas, aprender que es seguro pedir lo que necesitamos, y que merecemos amor tal como somos.

> **Espacio para la introspección**
>
> Este es el momento de mirar hacia dentro:
> - ¿Qué emociones tiendes a evitar?
> - ¿Qué mecanismos de defensa usas para protegerte del dolor?
> - ¿Cómo reaccionas automáticamente cuando te sientes amenazado o vulnerable?

A menudo, lo que más tememos sentir es lo que más necesitamos enfrentar. Pero escuchar nuestras emociones no es un signo de debilidad, sino el primer paso para romper con esos patrones disfuncionales y encontrar la libertad emocional. Cada paso que das hacia la conciencia de tus patrones es una oportunidad para transformar tus reacciones automáticas en respuestas más conscientes y alineadas con tu verdadera esencia. Este proceso no es fácil, pero no hay otro camino hacia una vida en la que ya no estemos definidos por el miedo, sino guiados por la confianza de que somos dignos de amor, seguridad y paz.

Atractores y repulsores

Hasta ahora hemos hablado de cómo el apego y los tres principios básicos —buscar seguridad, evitar el dolor y encontrar placer— definen nuestra manera de reaccionar ante lo que nos rodea. Estas respuestas automáticas no son casualidad; se convierten en patrones a los que volvemos una y otra vez, como si algo en nuestro interior nos guiara sin que lo notemos.

Y aquí es donde entran en juego los atractores y repulsores, esas fuerzas invisibles que, como un imán, nos llevan a repetir ciertos comportamientos y a evitar otros. Aunque no siempre somos conscientes de ello, estos patrones determinan cómo reaccionamos en situaciones de estrés, en nuestras relaciones y en nuestra vida cotidiana. Pero la clave está en que esos comportamientos que alguna vez nos protegieron o nos hicieron sentir bien, ahora pueden limitar nuestro crecimiento.

Imagina que esos comportamientos automáticos y repetitivos —gritar, retraerte, evitar la confrontación—

son atractores. Funcionan como un imán que te lleva hacia esos estados porque, en algún momento, fueron útiles. Quizá te ayudaron a sentirte más seguro o a evitar el dolor. Pero al mismo tiempo, hay ciertos comportamientos o emociones que eludes sin darte cuenta, esos son los repulsores. Te alejan de lo que más necesitas, porque en el pasado esas situaciones te trajeron dolor o incomodidad. Lo irónico es que, muchas veces, lo que evitas es lo que más te permitiría avanzar.

Alba es el ejemplo perfecto de cómo estos patrones se desarrollan y toman el control. En sus sesiones, me hablaba de cómo reaccionaba con ira cada vez que sentía que no la escuchaban. Sabía que esa respuesta no era la mejor, pero describía esa sensación de furia como algo que la atrapaba y era incapaz de evitarlo. Lo que Alba no sabía es que esa ira era su atractor. En su infancia, cuando nadie la escuchaba, gritar era la única forma para que la tomaran en cuenta. Y aunque hoy esa respuesta ya no le servía, su cuerpo y su mente seguían recurriendo a ella de forma automática.

Pero también estaban los repulsores. Alba evitaba cualquier conversación calmada y vulnerable. Para ella, hablar con tranquilidad sobre lo que sentía era imposible. Su experiencia pasada le había enseñado que abrirse emocionalmente solo la llevaba al rechazo. Así que evitaba ese tipo de diálogo a toda costa, aunque esa evitación solo la mantenía más atrapada en sus reacciones automáticas.

Detectar tus propios atractores y repulsores

Lo más difícil es darnos cuenta de que estos patrones están ahí, operando en nuestra vida sin que lo sepamos. Aquí tienes algunas claves para identificar estos atractores y repulsores en tu día a día:

1. **Observa tus reacciones automáticas.** Cada vez que te encuentres reaccionando de una manera que no te gusta o que sientas que te arrastra, pregúntate:
   - ¿Qué estoy buscando proteger con esta reacción?
   - ¿Qué intento evitar sentir?
2. **Fíjate en los patrones repetitivos.** ¿Te pasa que en determinadas situaciones siempre reaccionas de la misma manera, incluso cuando sabes que no es lo mejor para ti? Esos son tus atractores. Pregúntate:

- ¿Cuándo empecé a reaccionar así?
- ¿Qué aprendí en el pasado que me hace sentir que esta es la única manera de actuar?
3. **Identifica lo que evitas.** Los repulsores son más difíciles de detectar porque representan esas cosas que preferimos no enfrentar. Piensa en las situaciones que siempre evitas o en las emociones que no te permites sentir. Pregúntate:
    - ¿Qué situaciones o emociones me incomodan tanto que prefiero no enfrentarlas?
    - ¿Qué estoy tratando de proteger al evitarlas?
4. **Explora lo que sientes después de reaccionar.** Cuando reaccionas automáticamente, presta atención a cómo te sientes después. Si sientes vacío, frustración o desconexión, es probable que estés siguiendo un atractor disfuncional. Pregúntate:
    - ¿Por qué esta reacción me deja insatisfecho?
    - ¿Qué me gustaría haber hecho de manera diferente?

Recuerda que esos comportamientos automáticos no están ahí por casualidad. Cada uno de ellos tiene una razón de ser y alguna vez te ayudaron a sentirte seguro o a evitar el dolor. Pero ahora es momento de decidir si seguir repitiéndolos o empezar a cambiarlos. Este es el primer paso para liberarte de esas respuestas automáticas y comenzar a vivir de manera más consciente, guiado por lo que realmente quieres y no por lo que el miedo o la inseguridad te empujan a hacer.

Aplicar los conceptos a tu propio viaje

Retomemos la metáfora de tu misión espacial hacia el cambio. Tomando el ejemplo de Alba, su objetivo era llegar a tener una reacción ante los conflictos más calmada y asertiva.

El primer paso era detectar los atractores, los obstáculos que se podía encontrar en el camino, esos planetas a los que no quería ir, pero que, si no tenía en cuenta, podían atraerla hacia su órbita y desviarla de su objetivo. No sería fácil.

Ahora que entiendes este concepto, es tu turno. Identifica tus atractores y repulsores en tu misión de cambio.

Lo que crea tus experiencias

Hasta ahora, hemos hablado de cómo los atractores y los repulsores nos mantienen en patrones automáticos que parecen difíciles de cambiar. A veces, intentas de todo para reaccionar de manera distinta, pero algo invisible sigue tirando de ti hacia los mismos comportamientos de siempre. Esto ocurre porque no somos solo pensamientos; nuestra experiencia está formada por cinco elementos clave que interactúan constantemente entre sí y cambiar un solo elemento no es suficiente.

Imagina que intentas alterar la dirección de un cohete solo moviendo los controles en la cabina, mientras el resto de los sistemas —los motores, las alas, los mecanismos de navegación— siguen funcionando como siempre. No importa cuánto te esfuerces, el cohete sigue siendo arrastrado hacia los mismos caminos. Este cohete eres tú en tu lucha por cambiar una reacción automática sin ajustar todos los elementos que la componen.

Nuestros pensamientos, emociones, sensaciones físicas, percepciones sensoriales y movimientos están conectados y se influyen. Para lograr un cambio real es necesario que entendamos cómo interactúan y cómo podemos ajustarlos para generar nuevas respuestas. A continuación, profundizaremos en cada uno de estos elementos y cómo puedes alinearlos para crear la experiencia que deseas.

1. Pensamientos

Los pensamientos son las historias que te cuentas sobre lo que está ocurriendo, las explicaciones automáticas que tu mente crea para darle sentido a lo que vives. Son como la primera chispa que enciende el motor de la experiencia y muchas veces ni siquiera somos conscientes de ellos.

Por ejemplo, si te sientes celoso cuando tu pareja habla con alguien, el pensamiento puede ser algo como «Me está traicionando» o «No soy suficiente para él/ella». Este pensamiento es lo que dispara la emoción, y de ahí todo lo demás.

Los pensamientos no operan solos. Aunque cambies lo que piensas, si el resto de los elementos —las emociones, las sensaciones y los movimientos— no cambian también, seguirás atrapado en el mismo patrón. Quizá te repites: «No pasa nada, no es importante», pero si tu cuerpo sigue reaccionando con tensión o tu corazón late más rápido, la emoción sigue ahí, y en el fondo, la reacción automática también.

El pensamiento es solo el inicio de un proceso mucho más amplio.

2. Emociones

Las emociones no son el único motor de tus reacciones, pero sí juegan un papel importante en cómo respondemos a lo que ocurre a nuestro alrededor. Cuando vives una situación significativa, tu cerebro evalúa lo que sucede y genera una emoción que influye en tu forma de actuar y en cómo te sientes físicamente.

Por ejemplo, cuando sientes miedo, tu cuerpo entra en modo de alerta: el corazón late más rápido, los músculos se tensan y tu respiración se acelera. Estas son respuestas que preparan tu cuerpo para reaccionar. No es la emoción en sí la que lo mueve, pero influye en cómo te preparas para actuar.

De igual manera, si sientes alegría, tu cuerpo se relaja y puedes sonreír sin darte cuenta. El cuerpo y las emociones están conectados de manera profunda. Si tu cuerpo está tenso por el estrés, eso puede alimentar tus emociones y hacer que te sientas más ansioso. Así, cuando experimentas tristeza, puedes notar que te sientes físicamente más cansado o pesado.

Este ciclo entre emociones y cuerpo es constante, y aprender a identificar cómo una emoción afecta a tu cuerpo te ayudará a entender mejor tus reacciones y gestionarlas de forma más consciente.

3. Percepciones sensoriales: lo que captan tus sentidos

Las percepciones sensoriales son otra pieza fundamental del puzle. Tus sentidos —la vista, el oído, el tacto, el olfato y el gusto— son las puertas de entrada a la experiencia. Son los que te permiten captar el mundo exterior y muchas veces estas percepciones pueden desencadenar reacciones automáticas sin que seas consciente de ello.

Por ejemplo, un simple tono de voz puede llevarte de vuelta a una situación dolorosa del pasado. Tal vez el de tu jefe te recuerda al de alguien que te hizo sentir insignificante, y de repente, te encuentras sintiendo la misma rabia o miedo que en aquel entonces.

Un caso que ilustra esto es el de Alicia, quien sentía rechazo hacia una nueva compañera de trabajo sin saber por qué. Al indagar más, descubrimos que la voz de esta persona le recordaba a alguien que le había hecho daño en el pasado. El sonido, sin que Alicia lo supiera, estaba activando una respuesta emocional que tenía poco que ver con el presente y todo con su pasado.

4. Movimientos: la memoria de tu cuerpo

Tus movimientos también juegan un papel crucial en

cómo experimentas el mundo. Estos incluyen gestos, posturas y la forma en que te mueves y muchas veces son automáticos. Responden a situaciones sin que pienses en ellos, como un reflejo. Esto es parte de lo que llamamos memoria procedimental.

La memoria procedimental es la que nos permite realizar acciones sin pensarlo demasiado, como andar en bicicleta o atarnos los zapatos, pero también la que ha almacenado respuestas automáticas a situaciones emocionales. Si en el pasado tu reacción ante un conflicto era cruzar los brazos o bajar la mirada, es probable que tu cuerpo siga repitiendo esos movimientos cuando te sientes inseguro o amenazado sin que te des cuenta.

Cambiar conscientemente tu postura puede modificar la manera en que te sientes. Amy Cuddy demostró en sus investigaciones sobre el lenguaje corporal que adoptar posturas expansivas y abiertas puede reducir el cortisol (la hormona del estrés) y aumentar la testosterona (la hormona de la confianza). Así que algo tan sencillo como transformar cómo te sientas o cómo te colocas puede tener un impacto profundo en tu emoción.

Aquí tienes algunos ejemplos:

Elemento	Descripción	Ejemplo
Postura	La forma en que mantienes tu cuerpo transmite seguridad o inseguridad.	Una postura erguida transmite confianza; una encorvada, inseguridad.
Gestos	Los movimientos de tus manos o los brazos pueden reforzar lo que sientes o dices.	Movimientos amplios muestran entusiasmo; cruzar los brazos puede mostrar resistencia.
Movimientos oculares	El contacto visual o su evitación comunica atención o incomodidad.	Mantener contacto visual indica interés; evitarlo puede sugerir nerviosismo.
Proxemia	La distancia que mantienes con otros indica tu nivel de confort o desconfianza.	Acercarte muestra apertura; alejarte indica reserva.

Tus movimientos son más que reflejos, configuran las respuestas que tu cuerpo ha aprendido con el tiempo y que, a veces, necesitan ser reajustadas para ayudarte a reaccionar de manera más consciente.

5. Sensaciones corporales: lo que tu cuerpo te dice

Las sensaciones corporales son las señales que tu cuerpo te envía. A veces las ignoramos, pero están ahí, informándote de lo que ocurre en tu interior. Tal vez sientas el pulso acelerado, las manos sudorosas o una presión en el pecho. Estas sensaciones no son solo físicas, sino parte de tu reacción emocional.

Pat Ogden, en su trabajo sobre el cuerpo y la psicoterapia, señala que reconectar con nuestras sensaciones físicas es fundamental para regular nuestras emociones. Muchas veces, cuando experimentamos sensaciones físicas desagradables, tratamos de ignorarlas o suprimirlas, pero aprender a prestarles atención puede ser clave para desactivar una reacción automática.

Cuando eres consciente de lo que está ocurriendo en tu cuerpo, puedes empezar a influir en esas sensaciones. Por ejemplo, si te sientes ansioso y notas que tu respiración está acelerada, puedes empezar a controlarla respirando más profundo y lento, lo que a su vez te ayuda a reducir la ansiedad.

Conectar todos los elementos para transformar tus reacciones

Estos cinco elementos —pensamientos, emociones, percepciones sensoriales, movimientos y sensaciones corporales— no actúan por separado. Están interconectados y para que el cambio sea real necesitas prestar atención a cómo interactúan.

Cuando te encuentres en una situación que activa una reacción automática, aquí tienes algunas preguntas para ayudarte a detectar los diferentes elementos en acción:

- ¿Qué pensamientos me vienen a la mente?
- ¿Qué emoción estoy sintiendo?
- ¿Qué sensaciones físicas noto en mi cuerpo?
- ¿Cómo está reaccionando mi cuerpo a través de mis movimientos y postura?
- ¿Qué percibo a través de mis sentidos que podría estar activando esta respuesta?

La conciencia plena dirigida es una práctica que te permite reorientar tu atención hacia los elementos de tu experiencia que realmente pueden ayudarte a sentirte más en control. En lugar de enfocarte en lo que está mal, dirige tu atención de forma deliberada hacia lo que te ayuda a sentirte mejor, como la sensación de tus pies tocando el suelo o un recuerdo tranquilizador. Al cambiar el foco modificas la experiencia.

Esto no significa ignorar el problema, sino tomar control de cómo lo vives, ajustando todos los elementos para crear una experiencia más calmada y consciente.

SEGUNDA FASE: despegue

Metodología ARTEMIS

Hasta aquí, creo que ha quedado claro que el universo no conspira en tu contra como tampoco lo hace tu cuerpo. Tus reacciones no son enemigos, sino señales que tu biología, tu historia y tus aprendizajes te han dejado. Tus respuestas automáticas son el resultado de fuerzas internas que han sido moldeadas por experiencias pasadas, de la misma forma que un cometa es arrastrado por la gravedad de los planetas que encuentra en su camino.

Piensa en esto: tu mente y tu cuerpo han aprendido a reaccionar de ciertas maneras en diferentes situaciones. Son como imanes que atraen las mismas respuestas una y otra vez, porque en algún momento te ayudaron a protegerte o adaptarte a lo que vivías. Esas reacciones automáticas, aunque ahora te parezcan molestas o difíciles, no son ni buenas ni malas. Simplemente son respuestas que aprendiste para sentirte seguro. El problema surge cuando esas mismas reacciones que antes te protegían ahora te frenan o te causan más daño que bien.

No estás destinado a quedarte atrapado en ellas una y otra vez. Esta fase de tu vida no trata de resignarte a esos ciclos, sino de entender cómo funcionan para aprender a cambiar tu rumbo. Vamos a trabajar para que dejes de sentirte atrapado por esas respuestas automáticas. No son realmente tú, sino una versión de ti que aprendiste en el pasado, pero que ya no necesitas. No va de pelear contra lo que eres, sino de afinar tu forma de reaccionar, como cuando una nave ajusta su dirección para llegar a su destino.

El trayecto a la Luna y tus reacciones

Un viaje a la Luna no trata de ir en línea recta. Hay muchas fuerzas que modifican el trayecto: la gravedad de la Tierra, la Luna y hasta el Sol, que, aunque está a ciento cincuenta millones de kilómetros de distancia, sigue influyendo en cada maniobra. Incluso otros cuerpos más pequeños como asteroides o cometas pueden afectar el viaje de la nave.

Como has visto, esto es muy parecido a cómo funcionan tus respuestas automáticas. Al igual que los ingenieros espaciales, tu mente y tu cuerpo deben ajustarse constantemente a lo que sucede a tu alrededor. A veces lo que parece un desvío o una reacción incontrolada es solo una forma de protección automática que aprendiste hace mucho tiempo. Así como los ingenieros usan órbitas de transferencia para ahorrar energía y maximizar la eficiencia en el viaje, tú también ajustas tu comportamiento, incluso si a veces te sientes fuera de control. Esos ajustes son parte de cómo tu cuerpo y mente reaccionan de forma automática para protegerte.

Pasos del lanzamiento ARTEMIS

El lanzamiento simboliza el momento en el que comienzas a poner en práctica todo lo que has aprendido sobre ti mismo en la fase de preparación. Ya no se trata solo de comprender tus reacciones automáticas y su origen, sino de aplicar técnicas concretas para empezar a cambiarlas. Esta fase implica moverte activamente desde la toma de conciencia hacia la implementación de acciones que te permitan gestionar tus reacciones automáticas de una manera más saludable y alineada con tus objetivos.

ARTEMIS
Atención a la neurocepción
Detectar las señales de activación

La neurocepción, como hemos visto en la primera fase, es ese radar invisible que siempre está activo, captando señales de peligro o seguridad, incluso cuando tú no te das cuenta. Este paso es crucial porque te ayuda a detectar el momento exacto en que te activas, cuando tu sistema nervioso empieza a entrar en modo alerta. No necesitas un análisis exhaustivo, solo una conexión rápida y directa con lo que sientes. El objetivo es pararte un segundo y observar para que no caigas en la reacción automática.

Sensación: escucha las señales de tu cuerpo

Cuando te estás activando emocionalmente, lo primero que habla es tu cuerpo. Antes de que tengas tiempo de pensar, este ya está enviando señales. En este paso, se trata de detectar una sensación clave, algo concreto que te indique que tu sistema nervioso está alerta. ¿Sientes un nudo en el estómago? ¿Tensión en el pecho? ¿Tu pulso se acelera? No necesitas analizar cada pequeño detalle, solo enfócate en la primera señal que aparece, la que te dice que algo dentro de ti ha cambiado. Haz un chequeo rápido, localiza lo que sientes y dónde lo sientes.

- **Hazlo real:** tal vez sientas esa tensión en la mandíbula cuando te estás conteniendo para no hablar, o un calor repentino en el pecho cuando te irritas. Sea lo que sea, fíjate en la sensación sin intentar cambiarla, solo advierte lo que está sucediendo.

Percepción: observa el entorno

No es solo lo que pasa dentro de ti, sino también lo que te rodea. Presta atención a lo que sucede a tu alrededor que puede estar desencadenando esa activación. Este paso es esencial porque a menudo las señales externas activan reacciones internas sin que te des cuenta. Pregúntate «¿Qué está ocurriendo ahora? ¿Hay algo en este entorno que me haga sentir amenazado/a o inseguro/a?». Puede que se deba al tono de voz de la persona con la que hablas, su expresión facial o incluso al ambiente en el que estás.

- **Piensa en esto:** te encuentras en una reunión y alguien hace un comentario crítico. Sientes una tensión inmediata en los hombros. Tal vez no es una crítica directa hacia ti, pero tu cuerpo ya ha percibido la situación como una amenaza. Detecta ese contexto. No es tu imaginación, sino tu sistema nervioso intentando protegerte.

En la práctica:

Imagina que estás en medio de una conversación tensa con un amigo y sientes un nudo en el estómago. Esa sensación es la señal de tu cuerpo de que algo te está afectando. En lugar de ignorarlo o dejar que se acumule hasta que explotes, haz una pausa mental. Obsérvala y reconoce su existencia: «Siento esta tensión porque mi cuerpo percibe una amenaza. Mi sistema nervioso está alerta». No necesitas hacer nada más en ese momento, solo ser consciente de lo que está ocurriendo.

Al observar la sensación y el entorno, ya has dado el primer paso para desactivar la respuesta automática. Este pequeño momento de pausa te da la oportunidad de recuperar el control y evitar caer en la reacción impulsiva. Con ello lograrás estar presente y, cada vez que lo hagas, entrenarás tu cuerpo y tu mente para actuar desde un lugar más consciente, en lugar de simplemente reaccionar.

ARTEMIS

Regulación en la ventana de tolerancia
Crear y sostener nuevas experiencias

Como hemos visto también en la primera fase, la ventana de tolerancia es ese espacio dentro del cual puedes manejar lo que sientes sin sentirte desbordado. Cuando estás dentro de tu ventana, tienes la capacidad de pensar con claridad y reaccionar conscientemente. Pero cuando sales de ella, las emociones te sobrepasan y las reacciones automáticas toman el control. En este paso, el enfoque está en regularte para que puedas mantenerte dentro de ese margen sin sentirte abrumado.

Sensación: anclarte al presente

Cuando empiezas a sentirte activado, es fácil que tu mente se desborde y te lleve al pasado o a futuros posibles, lo que amplifica el malestar. La clave aquí es regresar al presente a través de tus sensaciones físicas. No se trata de intentar controlar cada sensación, sino de elegir una en la que concentrarte para anclarte en el momento actual.

- *Grounding*: puedes usar algo tan simple como sentir el suelo bajo tus pies. Conecta con esa sensación física de estabilidad, del suelo sosteniéndote. Esto te ayuda a recordarte que estás aquí y ahora, y que el momento de activación es solo eso, un momento pasajero.

- **Otras técnicas sencillas** incluyen tocar una superficie fría, como un vaso de agua o un escritorio. Sentir el frío en tu piel ayuda a enfocar tu mente en algo inmediato y tangible, sacándote de la marea de emociones.

Pensamiento: cambia el diálogo interno

Cuando estás fuera de tu ventana de tolerancia, tus pensamientos suelen ser automáticos y extremos como «Esto es demasiado para mí» o «No voy a poder con esto». Estos pensamientos solo alimentan la sensación de desbordamiento. El objetivo aquí no es cambiar todos tus pensamientos, lo cual sería irrealista y abrumador, sino elegir uno y reformularlo de manera más útil.

- **Hazlo simple y concreto.** Cambia un pensamiento como «Esto me sobrepasa» por algo más manejable: «Puedo con esto, paso a paso». Esta pequeña modificación en tu diálogo interno puede marcar una gran diferencia, ya que te permite recuperar el control. El poder de las palabras no está en que eliminen la activación de inmediato, sino en que te recuerdan que tienes recursos y que no necesitas resolver todo de golpe.

En la práctica:
Imagina que estás en medio de una conversación tensa con un amigo. Empiezas a notar que tu respiración se acelera y una presión en el pecho. En lugar de dejar que esas sensaciones te arrastren, haces un chequeo rápido: notas el suelo bajo tus pies, te concentras en esa conexión con la tierra, en la estabilidad que te ofrece. Respiras profundo y sientes cada inhalación y exhalación. Luego te das cuenta de que tu mente está diciendo «No puedo con esto», pero eliges un nuevo pensamiento: «Voy a ir paso a paso».

Este simple ajuste te da el espacio mental que necesitas para calmarte y continuar la conversación sin perder el control. No se trata de eliminar las emociones, sino de regular tu estado lo suficiente para seguir actuando desde la conciencia en lugar de desde la reactividad.

EL EQUILIBRIO ENTRE SENSACIÓN Y PENSAMIENTO

Recuerda que no necesitas manejar todo a la vez. En este paso nos enfocamos solo en sensación y pensamiento porque son los elementos que te permiten anclarte rápidamente al presente y recuperar el control. Cuanto más practiques estos pequeños ajustes, más fácil será mantenerte dentro de tu ventana de tolerancia y evitar ser arrastrado por reacciones automáticas.

ARTEMIS
Transformación de los patrones protectores
Romper el ciclo automático

Cuando caes en un patrón automático de defensa, como gritar, cerrarte o evitar una situación, puede parecer que estás atrapado en una reacción que no controlas. Pero el objetivo de este paso no es analizar cada detalle de por qué estás reaccionando así, sino interrumpir el ciclo eligiendo una respuesta consciente que te saque de ese patrón. Aquí el pensamiento y la imaginación son las herramientas que te ayudarán a crear un cambio inmediato y efectivo.

PENSAMIENTO: REDIRIGE LA CONVERSACIÓN INTERNA

El primer paso para transformar un patrón automático es cambiar el diálogo interno que lo refuerza. Estos suelen ser defensivos o reactivos, como «Tengo que protegerme» o «Debo ganar esta discusión». Estos pensamientos impulsan reacciones que a menudo no te ayudan con la situación, sino que la empeoran.

- **Elige conscientemente un nuevo pensamiento** que te permita cambiar el curso de la interacción. Si tu patrón es atacar, puedes pensar: «Voy a preguntar en lugar de atacar». Este simple cambio te ayuda a detenerte antes de reaccionar de manera automática y abre una nueva posibilidad de actuar diferente.
- **Apunta a algo sencillo y concreto:** no necesitas cambiar todos tus pensamientos en un instante, solo elige uno clave que pueda alterar la dinámica de la conversación o situación. Por ejemplo, si sientes la necesidad de gritar, en lugar de eso puedes elegir pensar: «Voy a escuchar primero».

Imaginación: visualiza una nueva respuesta

La imaginación es una herramienta poderosa para salir de un ciclo automático. Cuando estás a punto de reaccionar de forma impulsiva, visualiza una alternativa más calmada. No te preocupes por hacerlo perfecto, simplemente imagina un pequeño ajuste que puedas aplicar en ese momento.

- **Visualiza la acción que quieres tomar** en lugar de la reacción automática. Si siempre tiendes a atacar en una discusión, imagina que haces una pregunta en lugar de gritar. Esto no solo interrumpe el patrón automático, sino que también te ayuda a crear un nuevo espacio para actuar desde la conciencia.
- **La clave es mantenerlo simple:** no necesitas imaginar todos los detalles de la interacción, sino algo concreto y directo que te permita cambiar la energía de la situación. Si, por ejemplo, tu patrón es huir o retirarte en medio de una discusión, imagina quedarte en el lugar, respirando profundamente mientras te repites: «Necesito un minuto para pensar» y evitas marcharte.

En la práctica:
Imagina que mantienes una conversación tensa con tu pareja y notas que estás a punto de gritar o de decir algo que sabes que herirá a la otra persona. En lugar de seguir

ese impulso, detén tu pensamiento automático «Necesito protegerme atacando», y cámbialo por: «Voy a preguntar antes de reaccionar».

Luego, en tu mente, visualízate haciendo la pregunta «¿Podrías explicarme mejor qué es lo que te molesta?». Este simple cambio en tu pensamiento y la visualización de una respuesta más calmada interrumpen el ciclo automático y te proporcionan espacio para actuar desde una nueva perspectiva.

EL IMPACTO DE ESTOS PEQUEÑOS AJUSTES

Transformar un patrón automático no significa que cambies de forma radical de un momento a otro, sino que interrumpes el ciclo justo antes de que se repita. El poder de este paso está en que no necesitas hacer grandes cambios para empezar a ver resultados. Pequeños ajustes, como cambiar un pensamiento o visualizar una nueva respuesta, te permiten crear un espacio para la conciencia y empezar a tomar decisiones más alineadas con cómo quieres actuar en lugar de con cómo reaccionas automáticamente.

El balance entre pensamiento e imaginación

Al enfocar este paso en pensamiento e imaginación mantienes el proceso accesible y práctico. No se trata de cambiar todo de golpe, sino de encontrar una pequeña fisura en el patrón automático que puedas aprovechar para elegir una respuesta diferente.

ARTEMIS
Estás en el camino correcto, sigue avanzando

Sigue, estás en el camino correcto solo por haber intentado tomar conciencia y continuar en el proceso. Así que date las gracias por el esfuerzo.

ARTEMIS
Mentalidad de crecimiento
Reencuadrar el desafío como oportunidad

La mentalidad de crecimiento es clave para transformar cualquier situación desafiante en una oportunidad de aprendizaje, pero en medio de una activación emocional no es realista detenerse para procesarlo todo. Lo que puedes hacer en ese momento es darle un pequeño giro a tu pensamiento para abrirte a una perspectiva más constructiva. Utilizaremos el pensamiento y la imaginación como herramientas esenciales para mantener una actitud de mejora continua sin abrumarte.

PENSAMIENTO: CAMBIAR EL ENFOQUE HACIA EL APRENDIZAJE

En lugar de quedarte atrapado en la crítica o la culpa por cómo reaccionaste, lo esencial en este paso es cambiar tu enfoque a algo más constructivo. La pregunta «¿Qué puedo aprender de esto?» te permite reencuadrar la situación como una oportunidad de crecimiento. No necesitas una respuesta inmediata ni completa; el simple hecho de plantearte la pregunta cambia el rumbo de tu pensamiento y te ayuda a desactivar el juicio y la autocrítica.

- **Pregúntate rápidamente** «¿Qué puedo aprender de esto?». No importa si no tienes una respuesta clara en el momento; lo importante es que, al hacerte la pregunta, ya estás cambiando tu mentalidad hacia el aprendizaje y alejándote del pensamiento automático que tiende a castigar o a culpar.

- **Ejemplo:** tras una conversación difícil en la que te sentiste atacado y respondiste con rabia, en lugar de quedarte pensando en lo mal que lo gestionaste, te preguntas «¿Qué puedo aprender de esta situación?». Así, transformas una experiencia negativa en una oportunidad de crecimiento.

Imaginación: visualiza una versión mejorada de ti

La imaginación es una herramienta poderosa para la mentalidad de crecimiento porque te permite visualizar una mejor versión de ti mismo sin necesidad de procesar todos los detalles en ese momento. Al imaginar cómo te gustaría haber reaccionado, no solo generas una imagen más positiva de ti, sino que también entrenas tu cerebro para manejar situaciones similares de manera diferente en el futuro.

- **Imagina brevemente:** no se trata de profundizar ni de imaginar todo un escenario alternativo. Solo visualiza cómo te gustaría haber respondido. Puede ser algo tan sencillo como manejar la situación con calma o expresar tus emociones de una forma más constructiva. Esto te ayuda a crear un modelo mental de cómo actuar en futuras ocasiones, lo que refuerza tu capacidad para hacer ajustes cuando sea necesario.

- **Ejemplo:** después de una discusión donde perdiste los nervios, te tomas un momento para visualizar cómo te habría gustado responder. Te ves a ti mismo hablando con tranquilidad, escuchando a la otra persona sin interrumpir y manteniendo la situación bajo control. Esta imagen no solo te calma, sino que entrena tu mente para actuar así la próxima vez.

En la práctica:
Después de una discusión con un compañero de trabajo, sientes que la situación te sobrepasó y te recriminas no haber gestionado mejor tus emociones. En lugar de quedarte en esa sensación de culpa, decides reencuadrar la experiencia. Te preguntas «¿Qué puedo aprender de esta conversación?». Luego te imaginas cómo habría sido si hubieras resuelto la situación de manera más sosegada, y te visualizas hablando con más calma y escuchando antes de responder. Este pequeño ejercicio te ayuda a reprogramar tu respuesta para futuras interacciones.

El poder de una mentalidad de crecimiento en el momento

Este paso se basa más en crear una nueva relación con los desafíos que enfrentas en tu día a día. No se trata de hacerlo perfecto ni de resolver todo en el momento, sino de entrenarte para ver cada situación como una oportunidad de mejora. Cada vez que reencuadras un desafío como una lección y te visualizas manejándolo mejor, construyes una versión más resiliente y consciente de ti mismo.

ARTEMIS
Integración de emociones
Permitir y procesar

Llegados a este punto, no se trata de manejar la emoción en el momento (como en la regulación), sino de entender lo que te está enseñando para que puedas aprender y evitar repetir el mismo patrón en el futuro.

1. **Reflexiona sobre lo que te ha enseñado la emoción**
   Después de haber pasado por una situación emocional intensa y haberte calmado, es importante preguntarte qué te está diciendo esa emoción. No consiste

en cambiar cómo te sientes, sino en comprender por qué experimentas esa sensación.

Por ejemplo, si te sentiste frustrado durante una discusión, pregúntate «¿Por qué me frustré? ¿Qué necesitaba en ese momento que no se cumplió?». Quizá te des cuenta de que la frustración surge porque sientes que no te están escuchando.

2. Cambia la historia que te cuentas

Muchas veces, cuando reaccionamos a una emoción, lo hacemos desde una historia que nos repetimos en nuestra mente. Cambia esa historia para que no te vuelva a afectar de la misma manera en el futuro.

Por ejemplo, si tu pensamiento es «Siempre me ignoran», puedes cambiarlo por «A veces no me expreso con claridad» o «Puedo pedir que me escuchen mejor». Este pequeño cambio te ayudará a responder de forma diferente la próxima vez.

3. Conecta con lo que realmente valoras

Por último, pregúntate cómo este aprendizaje te ayuda a ser la persona que quieres ser. Esto te permite conectar la emoción con tus valores y avanzar.

Por ejemplo, si valoras la comunicación efectiva, reflexiona: «¿Cómo puedo mejorar la forma en que comunico lo que siento para evitar esta frustración en el futuro?». Esto te ayudará a alinear lo que aprendiste con lo que es importante para ti.

Todo junto se vería así:
Imagina que acabas de tener una discusión en la que te sentiste ignorado. Después de calmarte, te preguntas «¿Por qué me sentí tan frustrado/a?». Te das cuenta de que fue porque no te estaban prestando atención. Luego, en lugar de quedarte con el pensamiento «Siempre me ignoran», decides cambiarlo por «Puedo pedir que me escuchen mejor». Finalmente, te conectas con uno de tus valores, la comunicación abierta, y te dices «La próxima vez, me expresaré de forma más clara para asegurarme de que me escuchan».

Este paso no es para regular tus emociones, sino para aprender de ellas y cambiar la forma en que las interpretas, para que no vuelvas a caer en el mismo patrón en el futuro.

ARTEMIS

Sostener la nueva experiencia
Consolidar y reforzar el cambio

Este es el último y quizá uno de los pasos más importantes del proceso, donde refuerzas lo que has aprendido y te aseguras de que la nueva respuesta emocional que has generado se convierte en parte de tu manera habitual de reaccionar. El cambio no ocurre en un instante, solo se consolidará con el tiempo y la repetición, y aquí es donde creas un pequeño ritual de refuerzo para mantener el avance. No necesitas aplicar todos los elementos de la experiencia en este punto; la clave está en el pensamiento y la sensación, que te permiten integrar y sostener el cambio sin sobrecargarte.

Pensamiento: reafirma tu progreso

El primer paso para sostener el cambio es reconocer mentalmente lo que has hecho diferente. A menudo, estamos tan acostumbrados a centrarnos en lo que hicimos mal que no nos damos tiempo para valorar lo que realizamos correctamente. Esta reflexión consciente es fundamental para reforzar tu nueva respuesta y asegurarte de que tu cerebro registre el cambio positivo.

Repite mentalmente: «Hoy respondí de manera más calmada» o «He logrado manejar esta situación mejor que otras veces». Al hacer esto, estás activando un proceso de refuerzo mental, donde te das crédito por lo que has hecho bien en lugar de enfocarte en los errores.

Ejemplo: después de una discusión difícil, donde normalmente habrías reaccionado con ira o frustración, te detienes un momento para reflexionar y piensas: «Esta vez, no levanté la voz. Mantuve la calma». Este reconocimiento consciente de tu logro fortalece la nueva respuesta emocional y la hace más probable en el futuro.

Sensación: conecta con tu estado físico y emocional

Una parte esencial de este paso es prestar atención a cómo te sientes ahora, después de haber aplicado una nueva respuesta. Este ejercicio no es solo para reflexionar, sino para notar cualquier cambio positivo que haya ocurrido en tu cuerpo o mente. Al conectar con tu sensación física y emocional, consolidas la experiencia de que responder de manera diferente tiene un impacto positivo en cómo te sientes.

Nota la sensación en tu cuerpo: pregúntate «¿Cómo me siento ahora?». Puede ser una sensación de alivio, una disminución de la tensión en el pecho o simplemente una mayor tranquilidad. Este reconocimiento ayuda a tu cerebro a asociar la nueva respuesta emocional con una sensación positiva, lo que refuerza la probabilidad de que el cambio se mantenga en el tiempo.

Ejemplo: al final del día, después de haber manejado una situación emocional difícil sin caer en tus reacciones automáticas, te tomas un momento para notar cómo te sientes. Quizá experimentas una ligera calma, un alivio en los hombros o una respiración más profunda. Reconoces este cambio positivo en tu cuerpo y te dices «Me siento más tranquilo/a después de haber respondido diferente».

Crea un ritual sencillo para reforzar el cambio

Para que la nueva respuesta emocional se convierta en un hábito es importante crear pequeños rituales de refuerzo. No necesitan ser complicados y pueden ser tan simples como reflexionar al final del día o escribir en un diario cómo manejaste una situación de manera diferente. El objetivo es que tu cerebro registre la repetición y asocie la nueva respuesta con algo positivo.

Ritual sugerido: al final de cada día o después de haber manejado una situación difícil, dedica unos minutos a reflexionar sobre lo que has hecho diferente y cómo te sientes. Puedes escribir en un diario o tomarte un momento de silencio para reconocer tu progreso. Este pequeño ritual refuerza la nueva respuesta y la hace más sólida.

En la práctica se vería así:

Después de un día en el que lograste mantener la calma en una conversación tensa, te tomas cinco minutos antes de dormir para escribir en tu diario «Hoy logré manejar una discusión difícil sin perder el control. Me siento orgulloso/a de mi progreso». Esta simple acción consolida el cambio y permite que la nueva respuesta se integre mejor en tu manera de reaccionar la próxima vez.

El poder de sostener la nueva respuesta

Este paso final es crucial porque asegura que el cambio no se pierda con el tiempo, sino que se refuerce y se convierta cada vez más en parte de ti. Sostener la nueva respuesta no significa que nunca volverás a tener reacciones automáticas, pero siempre que repites este proceso, estás entrenando a tu mente y cuerpo para responder de manera diferente. Con el tiempo, lo que empezó como un esfuerzo consciente para cambiar se convertirá en una respuesta automática más saludable y alineada con lo que realmente deseas ser.

En la práctica: cómo se ve el método ARTEMIS aplicado

Es una noche tranquila. Estás en casa con tu pareja, disfrutando de una cena que, en un principio, iba bastante bien. Sin embargo, en un momento dado, la conversación da un giro inesperado, como suele ocurrir en este tipo de situaciones.

Es ese tema recurrente que siempre acaba en discusión: las responsabilidades en casa, el tiempo que pasáis juntos o la falta de atención que sientes. Sea cual sea, sabes que es un detonante y, aunque te prometes que esta vez lo manejarás mejor, sientes cómo la tensión empieza a crecer dentro de ti.

Tu pareja menciona algo que te incomoda. Quizá es un comentario sobre que no ayudas lo suficiente o que pasas demasiado tiempo con el móvil en lugar de hablar. Y entonces, sin darte cuenta, te encuentras camino hacia un conflicto. Tu tono de voz cambia, se vuelve más cortante y empiezas a sentir una reacción familiar: la frustración crece.

A

Atención a la neurocepción

De repente, notas que tu corazón late más rápido y que una tensión se ha instalado en tu pecho. Sabes que estás en un punto crítico. En otros momentos, habrías dejado que esa sensación te dominara y la conversación se habría convertido en una batalla, pero hoy decides hacer algo diferente. En lugar de ignorar lo que sientes, te detienes un segundo y te preguntas «¿Qué está pasando en mi cuerpo?». Reconoces la tensión en tu mandíbula, el nudo en tu estómago y te das cuenta de que tu cuerpo reacciona como si fuera el objetivo de un ataque.

Sin profundizar demasiado, entiendes lo básico: tu cuerpo percibe amenaza, y esta no es física, sino emocional. Quizá sea el miedo al rechazo, a no ser suficiente para tu pareja o a que esta conversación termine como siempre: con ambos abandonando la estancia tras un portazo. Pero solo con reconocer esa sensación ya has hecho una pausa crucial.

R

Regulación en la ventana de tolerancia

Sabes que, si no haces algo ahora, perderás el control, así que te concentras en una cosa: tu respiración. Empiezas a respirar más lentamente, percibes cómo el aire entra y sale de tus pulmones y notas tus pies plantados con firmeza en el suelo, un pequeño pero poderoso anclaje al presente. Con ese simple gesto comienzas a recuperar algo de control sobre la situación.

Luego aparece el pensamiento automático de siempre: «Esto me sobrepasa». Pero en lugar de permitir que esa idea tome el control, decides reformularla. Te dices «Puedo manejar esto, paso a paso». Ese pequeño cambio en tu diálogo interno te permite respirar, te recuerda que no tienes que resolver todo ahora, solo el próximo minuto. Y este tiempo es suficiente para que la conversación no se convierta en una espiral destructiva.

T
Transformación de los patrones automáticos
Normalmente en este punto de la discusión habrías levantado la voz y dejado que las palabras hirientes salieran sin filtro. Pero, aunque sientes el impulso de atacar, eliges no seguir ese patrón.

En su lugar, te detienes y te preguntas a ti mismo «¿Qué puedo hacer diferente ahora?». Es decir, en vez de responder con un comentario sarcástico o defensivo, eliges hacer una pregunta.

Con la voz más calmada, preguntas «¿Por qué crees que no te estoy prestando atención?». Es una cuestión simple, pero suficiente para romper el ciclo automático de la discusión. Tu pareja se sorprende ante el cambio en tu tono, y por primera vez en mucho tiempo conseguís dialogar con calma sin acabar en conflicto.

E
Estás en el camino correcto
Sigue, estás en el camino correcto solo por haber intentado tomar conciencia y continuar en el proceso. Así que felicítate por el esfuerzo.

M
Mentalidad de crecimiento en tiempo real
La conversación avanza y, aunque no ha sido fácil, te das cuenta de que esta vez has hecho algo diferente. En lugar de castigarte por lo que sientes has decidido preguntarte qué puedes aprender de ello. No necesitas una respuesta definitiva ahora mismo, pero ese simple cambio de enfoque te da una sensación de progreso. Sabes que no has reaccionado a la perfección, pero has crecido.

Te imaginas a ti mismo en el futuro, enfrentando una conversación similar, pero con más calma y más control sobre tus emociones. Visualizas cómo responderías la próxima vez, y esa imagen te ayuda a sentirte más preparado para futuros desafíos.

I
Integración consciente de la experiencia
La conversación llega a su fin, y te encuentras agotado, pero no derrotado. En lugar de huir de lo que experimentas, eliges permitir que la emoción esté presente. Sientes un residuo de tristeza en el pecho, quizá por cómo han ido las cosas en el pasado, pero no necesitas actuar desde ahí. Déjala estar, es solo una emoción y, aunque te afecta, no tiene por qué controlar lo que haces.

S
Sostener la nueva respuesta
Al final del día, te tomas un momento para reflexionar. Te dices a ti mismo «Hoy lo he hecho diferente». Puede que no haya sido perfecto, pero elegiste una respuesta más calmada, rompiste con el patrón automático de atacar, y eso es un avance. Percibes una ligera paz dentro de ti, y notas que la tensión en tus hombros ha disminuido.

Te permites sentir orgullo por el progreso, por haber hecho algo distinto, y ese pequeño ritual de reflexión te ayuda a consolidar el cambio. Sabes que este es solo un paso en un camino más largo, pero también reconoces que cada pequeño cambio cuenta.

TERCERA FASE: mantenimiento

Has recorrido un camino lleno de descubrimientos (sobre todo propios), ajustes y decisiones conscientes. Te has enfrentado a esos viejos patrones que parecían inamovibles y, con esfuerzo, has comenzado a reprogramar cómo respondes a ellos. Pero aquí no termina la misión; de hecho, este es el verdadero principio de algo mucho más profundo: la fase de mantenimiento.

Si la primera parte de esta misión fue un lanzamiento hacia lo desconocido, esta es como la navegación precisa que te llevará cada vez más lejos, con más calma y control. No se trata de grandes gestos ni cambios radicales. Aquí el progreso silencioso toma el protagonismo.

En esta etapa, no te pediré que vuelvas a empezar ni que hagas un esfuerzo sobrehumano. Vamos a enforcarnos en sostener lo que ya has aprendido, en refinar lo que has estado practicando y en explorar nuevas maneras de reaccionar, pero con la tranquilidad de saber que ya has recorrido una parte importante del camino. Ahora es cuando empiezas a sentir esos cambios.

No hay una única forma correcta de hacerlo. Cada pequeño ajuste es una oportunidad para conocerte mejor y para seguir adaptando tus respuestas de una forma que sea más auténtica para ti.

En este momento todo se consolida y cada pequeño gesto cuenta. Empezarás a sentir que el cambio no solo es posible, sino que ya está sucediendo en cada parte de ti.

PONERTE EN SITUACIONES DE FORMA INTENCIONADA

Este enfoque no solo te ayuda a poner en práctica las nuevas respuestas que estás desarrollando, sino que también es clave para incrementar tu ventana de tolerancia. Al exponerte a situaciones que normalmente te desregulan de manera controlada, estás entrenando a tu sistema nervioso para que, poco a poco, pueda manejar niveles más altos de activación sin colapsar.

Método:
- **Elige una situación manejable** que normalmente te genera estrés, pero en la que puedas practicar

tus nuevas respuestas sin sentirte abrumado por completo. Puede ser una conversación tensa con un compañero de trabajo o un evento social que te pone nervioso.
- Antes de enfrentarte a la situación, **define un objetivo sencillo,** por ejemplo, «Voy a mantenerme presente durante toda la conversación» o «Escucharé sin interrumpir».
- **Evalúa** cómo te sientes después de la situación: revisa qué respuestas salieron bien y qué podrías ajustar para la próxima vez, pero sin juzgarte.

¿Cómo incrementa esto tu ventana de tolerancia?

> Cada vez que te expones a situaciones que activan tu estrés de manera controlada, le estás mostrando a tu sistema nervioso que puede manejar más de lo que solía sin necesidad de entrar en modo supervivencia (lucha, huida o congelación).

Al entrenarte con estas pruebas de estrés, tu cuerpo y mente aprenden a permanecer en un estado más regulado incluso frente a situaciones que antes te desbordaban. Es como estirar un músculo: cuanto más lo usas en situaciones manejables, más capacidad tienes para enfrentarte a grandes desafíos sin desbordarte.

Ejemplo práctico:

Si sabes que te incomoda hablar en público, puedes comenzar con pequeños grupos de personas en los que te sientas un poco nervioso pero aún en control. Con el tiempo, al exponerte a estos escenarios, notarás que tu tolerancia aumenta. Lo que antes te hacía sentir que no podías respirar o pensar con claridad ahora solo te genera un poco de nerviosismo, porque has practicado cómo mantenerte dentro de tu ventana de tolerancia.

IDENTIFICA LOS CONTEXTOS QUE TE ACTIVAN

A continuación diseñarás tu propio mapa emocional. Esta técnica consiste en identificar los contextos en los que es más probable que se activen tus viejas respuestas automáticas. Lo interesante es que te permite no solo detectar dónde podrías caer en viejos patrones, sino crear un plan específico para cada escenario.

Método:

- **Identifica los contextos más comunes** en los que tus patrones suelen aparecer: trabajo, familia, relaciones íntimas, etcétera.
- Para cada contexto, elige una **respuesta estratégica** que puedas practicar. Por ejemplo: si sueles sentirte inseguro en reuniones sociales, tu plan podría ser mantener la atención en el momento presente o escuchar antes de hablar.
- **Revisa** cada semana tus respuestas en esos contextos y ajusta tu plan según lo que hayas aprendido.

Grabación y observación externa

Este paso te permite ver tus progresos de manera más objetiva y además añade un componente externo para ofrecer una perspectiva más amplia y realista. A veces, nuestras reacciones y emociones nos pueden nublar la percepción de cómo estamos actuando, y es útil recibir retroalimentación de alguien de confianza que observe el proceso desde fuera.

Método:

- **Graba** una situación o una conversación donde

quieras practicar tu nueva respuesta emocional. Puede ser una llamada, una presentación o una interacción que suela costarte.
- **Revisa la grabación junto con la otra persona** y pídele que te proporcione un *feedback* honesto pero constructivo sobre lo que has mejorado y qué cree que podrías ajustar. El simple hecho de contar con una mirada externa te permitirá apreciar avances que quizá no habías notado.

¿Cómo ayuda esto a consolidar tus avances?

Cuando otra persona observa tu comportamiento, puede ofrecerte un reflejo que tú mismo no alcanzas a ver en ese momento. Ellos pueden destacar situaciones en las que lograste mantener la calma o actuar de manera diferente a la habitual. Esto refuerza tu nueva respuesta, ya que validas los pequeños cambios no solo desde tu perspectiva, sino también desde la de los demás.

Ejemplo práctico:

Supongamos que estás trabajando en no interrumpir o elevar el tono en una conversación difícil. Decides grabarte durante una reunión o pedir a alguien que te observe. Después de la reunión, revisas la grabación y, con la ayuda de la otra persona, te das cuenta de que lograste quedarte más calmado durante la conversación, incluso en momentos donde antes habrías reaccionado. Tener a alguien más que valide tu progreso te da una sensación más clara de avance, porque ves el cambio desde un ángulo que no habrías percibido por ti mismo.

¿Por qué es útil?

Este enfoque añade un componente de *accountability*, es decir, al tener a alguien que te observa, no solo estás trabajando en mejorar para ti, sino que hay un grado de compromiso con la otra persona que te ayuda a mantenerte enfocado en los cambios que estás implementando.

EXPERIMENTACIÓN CONTROLADA

Con respuestas alternativas: jugando con nuevas opciones
En la fase de mantenimiento, ya no estamos hablando de descubrir algo completamente nuevo. Ahora se trata de refinar lo que has aprendido y una de las mejores formas de hacerlo es a través de la experimentación con-

trolada. El objetivo es sencillo: probar diferentes respuestas ante una situación que de forma habitual te activaría, permitiéndote afinar poco a poco lo que mejor funciona para ti, pero con una perspectiva que te libera de la presión de hacerlo bien de inmediato.

A diferencia de ponerte de manera intencionada en situaciones que te desregulan, donde el enfoque está más en aumentar tu capacidad de tolerancia, la experimentación controlada tiene un propósito más específico: ajustar y explorar diferentes formas de responder en situaciones que ya has trabajado. No buscas tanto expandir tu tolerancia, sino afinar tus respuestas para que funcionen mejor en momentos clave.

¿Cómo funciona?

1. **Identifica una situación recurrente**
   Todos tenemos esas situaciones que, una y otra vez, nos llevan a reaccionar automáticamente. Ya sea una crítica en el trabajo, una discusión con tu pareja o incluso un pequeño desencuentro con un amigo. Lo primero que harás será identificar una de esas situaciones donde sueles caer en tus patrones automáticos.

Elige un contexto que ya hayas trabajado, donde ya hayas experimentado algún progreso, pero en el que aún quieras afinar más.

2. **Elige una respuesta diferente cada vez**

   Durante las próximas semanas, cada vez que te enfrentes a esa situación, decide conscientemente probar una respuesta diferente. No importa si es algo pequeño o grande; lo esencial es que sea nuevo. La idea es permitirte experimentar sin la presión de hacerlo perfecto. Puede ser algo tan sencillo como:
   - **Cambiar el tono de voz:** si sueles reaccionar con un tono alto, prueba uno más calmado.
   - **Pausa antes de contestar:** si sueles responder impulsivamente, prueba esperar unos segundos antes de hablar.
   - **Formular una pregunta:** si tu tendencia es atacar o defenderte, intenta hacer una pregunta sincera, buscando entender la perspectiva de la otra persona.

3. **Reflexiona sobre tus resultados**

   Después de cada interacción, tómate un momento para reflexionar. No se trata de evaluar si lo hiciste bien o mal, sino de aprender.

   Pregúntate:
   - ¿Cómo me sentí al probar esta nueva respuesta?

- ¿La otra persona reaccionó de manera diferente a mi cambio?
- ¿Qué puedo ajustar la próxima vez?

Esta reflexión te permitirá medir tu respuesta en futuras situaciones y afinar cada vez más la manera en que enfrentas el conflicto o la incomodidad.

¿Por qué esta técnica es efectiva?

La clave aquí no es dar con la respuesta perfecta de inmediato, sino aprender a experimentar. Al probar diferentes opciones, te das la libertad de equivocarte sin miedo y de descubrir lo que realmente te funciona. Te ofrece un espacio seguro para explorar, sin la presión de ser impecable en cada intento.

Además, al experimentar con diferentes grados de respuesta, estás entrenando tu cuerpo y tu mente para ampliar tu ventana de tolerancia. Cada vez que pruebas una nueva respuesta, tu sistema nervioso se adapta, aprende a manejar diferentes intensidades emocionales y a responder con mayor flexibilidad.

La promesa que sí cumplirás

Como cuando sopla el viento y te enfadas porque te despeina, pero al final te acaba pareciendo hasta romántico. Al principio, intentas pararlo, te resulta incómodo, fuera de control, pero luego decides sentirlo diferente. El viento sigue, y tú aprendes a moverte con él, a dejarte llevar, a notar cómo transforma el momento y te envuelve.

Como cuando ves algo que está a punto de romperse y tu primer impulso es desear que aguante, que no se quiebre. Pero te das cuenta de que no puedes sostener todo para siempre y aceptas su fragilidad. Decides que, si se va a romper, lo mejor que puedes hacer es disfrutarlo mientras lo tengas.

Como cuando ves que algo va a salir volando, y aunque tu instinto sea ir tras ello, en el fondo sabes que no puedes alcanzarlo, no puedes cogerlo. Así que te detienes, respiras y observas cómo se aleja y, entendiendo que no está en tu mano, decides ver cómo se lo lleva el viento.

Este libro ha sido tu misión y, como en cualquiera, ha habido tensión, ajustes y momentos en los que las cosas no salían como esperabas. Pero también has aprendido que el control no siempre trata sobre dominar lo que sucede, sino sobre cómo decides responder a ello.

En los lanzamientos espaciales, cuando la nave despega, los astronautas sienten unas vibraciones intensas, casi insoportables. Es incómodo, ruidoso y durante esos minutos parece que todo podría fallar. Es parte del proceso. Esa incomodidad es señal de que se están alejando de la Tierra, de lo conocido, para entrar en una nueva fase. Lo mismo ocurre contigo en este camino de cambio. El despegue y la transición siempre traen incomodidad. Pero esas vibraciones son necesarias e indican que estás dejando atrás lo viejo y acercándote a lo que realmente quieres.

El destino es importante, como en cada misión espacial, pero es el proceso lo que te transforma. Los ajustes, las correcciones, y la incomodidad que sientes, te preparan para llegar adonde tienes que estar. Las reacciones automáticas seguirán apareciendo, los obstáculos también, pero lo que has aprendido es que no se trata de controlarlo todo, sino de dirigir cuando es necesario y dejar ir cuando hace falta.

La vida, como las misiones, se basa en ese delicado equilibrio entre sostener y soltar, entre aferrarte a lo que puedes controlar y aprender a navegar con lo que no. Y en ese proceso es donde realmente te descubres y creces.

Cuando una nave despega, nadie duda de su destino, pero tampoco se subestima el proceso de llegar allí. Cada paso y cada ajuste cuentan. Y tú, en tu misión personal, has aprendido que sí, que el destino resulta importante, pero que ahora, más que nunca, sabes que todo lo que estás viviendo, cada momento incómodo, cada duda, cada ajuste, te está preparando para ese lugar al que quieres llegar.

A veces te sentirás incómodo, habrá momentos de tensión, como cuando el avión está a punto de despegar y todos contienen la respiración por si algo sale mal. Pero también sabes que, cuando ya estás en el aire, cuando todo se ha estabilizado, puedes comenzar a disfrutar del viaje. Lo mismo pasa con los cambios en tu vida. Esa incomodidad es temporal y después de cada ajuste, tras cada pequeño desvío, empiezas a volar más alto.

Puedes prometerte que vas a cambiar y cumplirlo. No sabes si de la manera en la que esperabas, pero tienes el control para no defraudarte constantemente o mantenerte en un bucle interminable de dolor y frustración.

Puedes seguir prometiéndote.

Si quieres seguir profundizando en todo lo que hemos trabajado en este libro, aquí te dejo más herramientas que creo que pueden resultarte útiles:

Agradecimientos

Ariane,
Gracias por confiar siempre en mí, por ser esa persona que me acompaña en este proceso tan bonito y, a veces, desafiante. Por ser mi calma y paciencia en los momentos de incertidumbre.

Sergi,
Gràcies de tot cor, perquè per avançar i canviar sovint cal algú al costat que sàpiga veure el teu potencial. Gràcies per ser aquest suport, per acompanyar-me en els meus canvis i per permetre'm estar al teu costat en els teus.

Referencias

Brumariu, L. E., «Parent-Child Attachment and Emotion Regulation», *New Directions for Child and Adolescent Development*, n.º 148, 2015, pp. 31-45.

Conrad, A. y W. T. Roth, «Muscle Relaxation Therapy for Anxiety Disorders: It Works but How?», *Journal of Anxiety Disorders*, 21(3), 2007, pp. 243-264.

Critchley, H. D. y N. A. Harrison, «Visceral Influences on Brain and Behavior», *Neuron*, 77(4), 2013, pp. 624-638.

Field, T., «Massage Therapy Research Review», *Complementary Therapies in Clinical Practice*, 20(4), 2014, pp. 224-229.

Fournier, M., *et al.*, «Contextual Stability and the Formation of Habits», *Journal of Experimental Social Psychology*, 69, 2017, pp. 92-98.

KAMRAN, A., et al., «The Effect of Slow Deep Breathing on Patient Anxiety in Pre-CT Scan: A Randomized Clinical Trial», *Iranian Red Crescent Medical Journal*, 19(4), 2017, e14461.

LALLY, P., et al., «How Are Habits Formed: Modelling Habit Formation in the Real World», *European Journal of Social Psychology*, 40(6), 2010, pp. 998-1009.

MA, X., et al., «The Effect of Diaphragmatic Breathing on Attention, Negative Affect and Stress in Healthy Adults», *Frontiers in Psychology*, 8, 2017, p. 874.

MAREN, S., et al., «The Contextual Brain: Implications for Fear Conditioning, Extinction, and Psychopathology», *Nature Reviews Neuroscience*, 14(6), 2013, pp. 417-428.

NAVEED, S., et al., «An Overview of Attachment Patterns: Psychology, Veurobiology, and Clinical Implications», *Journal of Psychosocial Nursing and Mental Health Services*, 58(8), 2020, pp. 18-22.

PARK, H. R. P., et al., «Heritability of Cognitive and Emotion Processing During Functional MRI in a Twin Sample», *Human Brain Mapping*, 45(1), 2024, <https://doi.org/10.1002/hbm.26557>.

PERRY, R. E., *et al.*, «Neurobiology of Infant Attachment: Attachment Despite Adversity and Parental Programming of Emotionality», *Current Opinion in Psychology*, 17, 2017, pp. 1-6.

RISKIND, J. H. y C. C. Gotay, «Physical Posture: Could It Have Regulatory or Feedback Effects on Motivation and Emotion?», *Motivation and Emotion*, 6(3), 1982, pp. 273-298, <https://doi.org/10.1007/BF00992249>.

SHAFIR, T., «Using Movement to Regulate Emotion: Neurophysiological Findings and Their Application in Psychotherapy», *Frontiers in Psychology*, 7, 2016, p. 1451, <https://doi.org/10.3389/fpsyg.2016.01451>.

THAYER, J. F. y R. D. Lane, «Claude Bernard and The Geart-Brain Connection: Further Elaboration of a Model of Neurovisceral Integration», *Neuroscience & Biobehavioral Reviews*, 33(2), 2009, pp. 81-88.

WANSINK, B., «Change Their Choice! Changing Behavior Using The CAN Approach and Activism Research», *Psychology & Marketing*, 32(5), 2015, pp. 486-500.

WOOD, W., *et al.*, «Habits in Everyday Life: Thought, Emotion, and Action», *Journal of Personality and Social Psychology*, 83(6), 2002, pp. 1281-1297.

— y David T. Neal, «A New Look at Habits and The Habit-Goal Interface», *Psychological Review*, 114(4), 2007, pp. 843-863.

ZADEH, S., *et al.*, «Children's Thoughts and Feelings About Their Donor and Security of Attachment to Their Solo Mothers in Middle Childhood», *Human Reproduction*, 32(4), 2017, pp. 868-875.